尾崎喜左雄博士
調査収集考古遺物・調査資料目録

群馬大学教育学部編

雄山閣

中之条町有笠山遺跡調査中の尾崎喜左雄先生（昭和28年）（松島榮治氏提供）

高崎市観音塚古墳の墳丘上で説明をする尾崎喜左雄先生（昭和48年）

正装する女子埴輪

　佐波郡赤堀町にある石山南古墳の調査により出土。古墳は6世紀後半の小型円墳で完形の馬形埴輪などとともに出土した。高さ90cmを有し、簡易に表された上衣をまとう上半身像。つぶし島田状の髪を結い、額には櫛が表されている。首飾り・耳飾りも表現されている。儀式にのぞむ女性を表したものと思われる。

（写真：群馬県立歴史博物館提供）

挂甲を付けた男子埴輪

　北群馬郡榛東村にある高塚古墳の調査により出土。古墳は6世紀中頃の全長60mの前方後円墳で大型の横穴式石室を主体部としている。埴輪の高さは103cmで、冑、挂甲で身を固めている。左手は頭椎大刀に添え、右手は大刀の柄を握り、今にも抜かんとする威圧的な仕草を表している。

（写真：群馬県立歴史博物館提供）

三角縁神獣鏡

　佐波郡玉村町にある芝根7号墳(川井稲荷山)の調査により出土。古墳は6世紀後半の帆立貝式古墳で、横穴式石室を主体部としている。鏡が出土したのは、その横穴式石室の背後の盛土中である。詳細な調査の結果、4世紀前半の古墳を6世紀後半に再利用したことがわかり、造り直しの際に表れた鏡を埋納し直したものと推測された。この鏡は、直径22.5cmを有し、内区に四神四獣を表している。この種の鏡全体について中国製(魏)とする説と、日本製とする説に分かれるが、ヤマト王権と密接に結びついた地域首長に下賜されたものとする点では意見の一致をみている。

　　　　　　　（写真：群馬県立歴史博物館提供）

石製模造品
　太田市鳥山にある5世紀後半の前方後円墳鶴山古墳（墳丘長102m）の竪穴式石室から出土した。滑石製で刀子（工具用の小刀）を模してつくられた。刀子以外に斧・手斧・鎌などの模造品も出土している。
（写真：群馬県立歴史博物館提供）

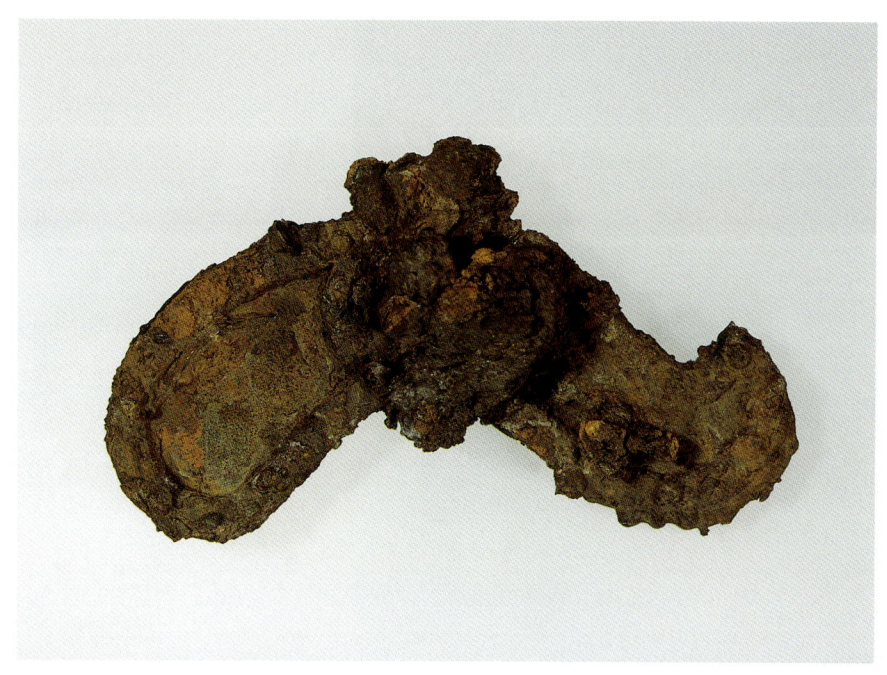

鉄地金銅張 f 字形鏡板付轡
　高崎市の普賢寺東古墳(円墳)から出土した。初現期の横穴式石室の可能性が推定されるが、詳細は不明。古式の f 字形鏡板の特徴を備えている。他に挂甲、眉庇付冑片など充実した副葬品を伴うことが注目される。
(写真：群馬県立歴史博物館提供)

銅製鈴杏葉
　佐波郡赤堀町の洞山古墳(前方後円墳、墳丘長22m)から出土した。主体部は壁面に赤色顔料が塗布された横穴式石室で、6世紀初頭の時期である。他に鉄製武器類、埴輪（人物・大刀・円筒）などが伴っている。
(写真：群馬県立歴史博物館提供)

金銅製透彫杏葉
　群馬郡榛名町のシドメ塚古墳(円墳、径20m)から出土した。主体部は両袖型横穴式石室で、入口前に前庭を伴う。6世紀末葉ないし7世紀初頭の時期である。副葬品は、本杏葉を始めとして極めて豊富で、埴輪も伴う。
(写真：群馬県立歴史博物館提供)

壺形土器

いずれも高崎市上並榎町の巾遺跡から出土した。壺形土器は、中期後半の竜見町式土器に属し、環濠の可能性のある幅1m、深さ1mの溝から多量の土器片とともに出土した。手焙形土器は、付近の土壙から出土したもので、古墳時代前期の土器、土製紡錘車、片刃石斧などが伴っていた。
(写真：群馬県立歴史博物館提供)

手焙形土器

刊行にあたって

群馬大学教育学部長　森　部　英　生

　このたび、『尾崎喜左雄博士調査収集考古遺物・調査資料目録』を上梓致しました。

　本書は、平成15年3月刊行の『尾崎喜左雄博士調査収集考古遺物目録』と、翌年3月刊行の『尾崎喜左雄博士考古調査資料目録』(いずれも、編集・発行は群馬大学教育学部森田悌教授)を合冊したものです。前書は平成14年度に、群馬大学の「教育研究改革・改善プロジェクト」の一つとして、森田教授が責任者となってまとめられたものですが、後書ともども、若干の不備を正し、補訂を施して合本としました。

　故尾崎喜左雄博士は、東京帝国大学において、日本史学の泰斗であった黒板勝美博士の薫陶を受け、昭和11年に群馬県社寺兵事課嘱託となった後、同18年には群馬師範学校教授となり、24年の学制改革に伴って群馬大学学芸学部教授、45年に退官され、53年に73歳で亡くなりました。本学部在職中はずっと日本史・考古学を担当される一方、長年にわたって県内の古墳の調査に従事し、古墳の編年や性格の解明に多大な業績をあげられました。その間に収集・調査した考古遺物・資料は膨大な数に上り、遺物の一部は県立歴史博物館に寄託され展覧に供されていますが、多くは今も本学部の収蔵庫に保管され、森田教授の責任のもと、博物館学の授業の際の教材・資料に用いられています。

　故尾崎喜左雄博士が収集・調査したこれら貴重な考古遺物・調査資料は、早くから考古学界の注目するところとなっており、公開が強く望まれてきました。森田教授が中心となってこれら尾崎コレクションが分類・整理され、総合的な目録が作成されるに至ったことは、こうした年来の社会的期待に応えるものとして、また、学界からの要望にも応えうるものとして、極めて意義深いと考えます。本目録は、わが国の考古学や博物館学の研究・教育のいっそうの発展・深化に、小さからぬ寄与をなすものと確信致します。多くの方々に活用されることを願う所以です。

　たまたま私の任期中に、この優れた業績に立ち会うことができたのは、個人的にも大変光栄で幸運なことでした。

　最後になりましたが、地味で手間のかかるお仕事に携わってこられた森田教授をはじめ、関係者各位、とりわけ本学部・研究科の卒業生や院生の皆さんのご尽力に、深く敬意を表します。また、厳しい出版状況の中であえて本書の公刊をお引き受け下さった㈱雄山閣にも、厚くお礼申し上げます。

目　　次

口　　絵

刊行にあたって……………………………………………………………森　部　英　生

凡　　例

考古遺物目録……………………………………………………………………………… 1

調査資料目録……………………………………………………………………………… 73

尾崎博士調査収集考古遺物の意義………………………………右　島　和　夫……89

あとがき………………………………………………………………………森　田　悌

凡　例

1　この目録は現在群馬大学教育学部の所有となっている故尾崎喜左雄博士調査収集考古遺物および調査資料を収録したものである。
2　イ　考古遺物は遺跡ごとに一括し、A、B、C、D、E、F、Gの七種類の規格からなる箱に収めることを旨とし、遺物の性格により、o、a、b、c、d、e、f、gからなる符号を付した上で、整理番号を付した。

記号	長さ	幅	深さ	摘　記
A	91.0cm	45.5cm	8.0cm	上面ガラス入塗装
B	90.7cm	45.5cm	8.7cm	白木
C	45.5cm	45.2cm	16.2cm	白木
D	45.0cm	45.0cm	7.2cm	白木
E	44.3cm	30.0cm	5.0cm	上面ガラス入白木
F	27.1cm	21.9cm	7.3cm	上面ガラス入白木桐
G	123.0cm	19.1cm	16.2cm	上面ガラス入、材質規格不同

o	複合した時代、性格をもつ資料
a	前縄文文化資料
b	縄文文化資料
c	弥生文化資料
d	古墳文化資料
e	土師器関係資料
f	須恵器関係資料
g	歴史時代資料

　　例　C－d－32　C規格の箱に収蔵されている古墳文化資料の32番

　ロ　遺物の中には規格箱に収めることが不可能なものがあり、それらについてはイに示したo、a、b、c、d、e、f、gの符号を付した上で、整理番号を付した。
　　　例　c－52　弥生文化資料の52番
　ハ　未整理のものには、この類の通し番号を付した。
　　　例　105　未整理資料の105番
　ニ　遺物には遺跡名、出土地および備考欄を設け、必要事項を収載した。ただし不明なものについては空欄のままとした。
3　イ　調査資料は整理番号を付された黒塗りの箱および円筒に収納されているので、黒箱収納資料および円筒収納資料として示した。
　ロ　資料内容は調査記録、実測図、写真等として示した。
　ハ　黒箱の中には内容物を欠くものがあり、それらについては「なし」とした。

考古遺物目録

A資料箱収納資料リスト

整理番号	遺物名	出土地	内訳	備考
A－d－1	鏡手塚古墳一括遺物	勢多郡粕川村月田字富士宮213	直刀2（内1振金銅製外装金具付）、金銅製方頭柄頭金具1、金銅製責金具2、同断片1、同吊金具1、鉄製倒卵形鍔1、刀子2、同断片2、鉄鏃6、同断片38、銅製鳩目1、金銅製耳環1、不明鉄片3、鉄断片多数	昭.22.7調査 綜覧粕川村44号
A－d－2	同　上	同　上	直刀（鯉口金具付）1、小刀（内1鉄製鯉口金具付、内1金銅製責金具・吊金具付）2、鉄製鍔2（内1倒卵形透彫鍔）、金銅製責金具1、金銅製鳩目1、鉄製こじり金具断片5、耳環2（内1鉄製、内1金銅製）、鉄製環2、鉄鏃3、同上断片49	
A－d－3	鶴山古墳一括遺物	太田市鳥山八幡林	鉄鏃12、同断片226、小札破片1	昭.23.12調査 綜覧鳥之郷村3号
A－d－4	同　上	同　上	剣2	
A－d－5	同　上	同　上	直刀1、剣1、同上断片若干	
A－d－6	同　上	同　上	鉾4、槍1、鉄鏃6、同断片19、人骨10	
A－d－7	同　上	同　上	甲冑小札22、同断片6	
A－d－8	荒砥今井A号古墳一括遺物	前橋市今井町白山東829	刀子断片4、刀装具2、鉄製鍔断片1、平根無柄鉄鏃（断片を含む）10、鉄鏃7、同断片12	昭.24.3調査 綜覧荒砥村312号
	荒砥今井古墳一括遺物	前橋市今井町	直刀2、鉄製倒卵形鍔破片3、鉄製責金具3、土師器甕破片2、人骨多数	
A－d－9	成塚古墳一括遺物	太田市成塚下新田	直刀1、小刀1、鉄製倒卵形鍔1、刀子片1、鉄鏃片28、金銅製耳環8、鉄製環2、骨粉若干	
	大鷲古墳一括遺物	太田市北金井大鷲大平	直刀1、鉄製鍔1	
	強戸村街道南古墳一括遺物	太田市成塚	直刀1、鉄製鍔1	
A－d－10	壇塚古墳一括遺物	勢多郡粕川村月田字富士宮207	直刀3、直刀断片12、小刀2、小刀断片1、鉄製鍔1、責金具2、槍1、槍断片1、刀子1、刀子断片2、鉄鏃4、同断片2、鉄製鉸3、鉄塊1、金銅製耳環3、金糸若干、ガラス製小玉片若干、木片2	
A－d－11	小谷場古墳一括遺物	太田市牛沢小谷場	直刀1、刀子断片4、金銅製耳環1、滑石製紡錘車1、土師器片6、埴輪片6、炭化物若干、粘土若干、土壌サンプル若干	昭.25.7調査 綜覧漏
A－d－12	洞山古墳一括遺物	佐波郡赤堀町五目牛字北通116	直刀1、小刀1、直刀刀身断片1、同柄断片2、鉄製鯉口金具断片2、鉄鏃断片26、鉄製轡断片14、同馬具留金具1、鉄断片16、人物埴輪顔面破片1、赤色顔料の付着した玉石1袋	昭.25.8調査 綜覧赤堀村55号
A－d－13	同　上	同　上	刀子2、鉄製斧1、鉄製環1、鉄製馬具断片4、鉄断片104、銅製鈴杏葉3、金銅製玉2、碧玉製管玉7、ねりもの丸玉3、ガラス製小玉1、赤色顔料若干	

整理番号	遺物名	出土地	内　　　　訳	備　考
A－d－14	月田薬師塚古墳一括遺物	勢多郡粕川村月田字富士宮188	鉄釘10、同断片129、土師器片1、埴輪片3、須恵器片1、灯明皿1	昭.26.2調査 綜覧粕川村35号
A－d－15	土居古墳一括遺物	勢多郡富士見村米野字土居521	直刀（鯉口金具付）1、鉄製鍔2、鉄製刀装具環1、金銅製責金具1、同断片3、金銅製鳩目2、刀子1、鉄鏃7、平根有柄鏃4、鉄鏃断片55、鉄断片若干、植物質断片2、縄文土器片1	昭.26.4調査 綜覧漏
A－d－16	波志江下宿古墳一括遺物	伊勢崎市波志江町下宿	直刀6、鉄鏃断片53、刀子断片2、馬具断片53、鉄片骨1袋	昭.26.7調査
A－d－17	達磨山古墳一括遺物	佐波郡赤堀町五目牛字下通628	剣1、直刀断片2、鉄鏃式多数	昭.26.8調査 綜覧赤堀村26号
A－d－18	同　　上	同　　上	剣2、直刀1、鉾3、鉄鏃片多数、鉄鎌1、鉄斧2	同　　上
A－d－19	洞山西北古墳一括遺物 馬具一括	佐波郡赤堀町五目牛字北通 現状不詳	金銅製耳環6、碧玉製管玉7、水晶製切子玉6、瑪瑙製丸玉1 鉄製轡2、鉄製鐙吊金具1組、鉄地金銅製雲珠部品4、鉄地金銅製留金具2、用途不明鉄製品2、鉄残片1袋	昭.26.3調査
A－d－20	三本山古墳一括遺物	高崎市小八木町西久保	直刀3（内1金銅製責金具付）、鉄製鍔・鯉口金具1、金銅製装飾金具1、金銅製責金具2、金銅製吊金具2（内1残片）、鉄鏃断片30、鉄釘2、鉄残片多数、銅鋺1（破損）、須恵器片1、埴輪片5、縄文土器片1、土師器高坏脚部1	昭.27.2調査 綜覧漏
A－d－21	神田A号古墳一括遺物	藤岡市神田宿1239	直刀5、同断片1、鉄製鍔1、小刀（金銅製鯉口・責金具付）1、小刀残片1、鉄鏃3、同断片36、平根有柄鉄鏃2、鉄製轡（銜2連、素環鏡板）1、金銅製馬具断片3、半月形鉄片1、用途不明鉄片3、鉄断片5、土師器片4、人骨若干、地層サンプル3袋、牛伏砂岩サンプル3	昭.27.3調査 綜覧美九里村37号
A－d－22	龍海院裏古墳一括遺物	前橋市紅雲町龍海院境内	鉄鏃断片16、矢柄断片15、挂甲小札3、鉄製馬具断片2、鉄鎌1、用途不明鉄片11、滑石製小玉2、人骨9袋、赤色顔料1袋、須恵器片、土師器片4、瓦破片1、石器1、銅銭15	昭.27.3調査 綜覧漏
A－d－23	蕨手塚古墳一括遺物	佐波郡赤堀町五目牛字下通713	刀子（柄頭蕨手状）1、鉄鎌1、鉄斧3、鉄鏃3、滑石製勾玉4、同臼玉多数	昭.26.7調査 綜覧赤堀村第11号
A－d－24	同　　上	同　　上	鉄鏃断片多数、刀子断片多数、鉄斧断片多数、土師器片5	
A－d－25	石山南古墳一括遺物	佐波郡赤堀町下触字石山46	直刀1、鉄製鍔1、鉄鏃2、同断片13、金銅製耳環3、埴輪馬片10、人骨若干	昭.27.8調査 綜覧赤堀村120号

番号	名称	所在地	遺物	備考
A－d－26	鈴塚古墳一括遺物	高崎市八幡原町若宮2029	鉄製鍔1、鉾2、こじり1、鉄鏃19、同断片21、平根無柄鏃、刀子1、鉄斧1、鉄製尾錠2、鉄製吊金具2、金銅製雲珠断片5、金銅製半球形金具12、銅製鈴1、金銅製耳環1	昭.28.8調査綜覧漏
A－d－27	塚原古墳群一括遺物	利根郡月夜野町上津塚原	鉄銅製頭椎1、金銅製鍔1、金銅製倒卵形刀装金具1、金銅製責金具1、金銅製鳩目3、耳環10、金銅製中空玉5、鈴断片若干、勾玉4、滑石製臼玉2、臼玉1、棗玉1、丸玉4、鉄製卵形環状金具1、鉄製馬具1、木片1、刀子断片9、有柄平根鉄鏃2、同断片2本分、鉄鏃6、同断片38、鉄製環断片1、鉄製鋏1、土器片2	
A－d－28	中里塚古墳一括遺物	佐波郡赤堀町今井三騎堂6690	直刀1、鉄製鍔1、鉄製釘29、同断片75、土師器坏1、人骨2	昭.28.10調査綜覧赤堀村265号
A－d－29	不二山古墳一括遺物	前橋市高田町林257・358・363	直刀（鉄製倒卵形透彫鍔付）1、鉾2、鉄鏃2、同断片2、金銅製耳環2、銀製耳環1、金銅製雲珠断片3、鉄製鐙断片1、金銅製馬具部品2、金銅製冠断片6、碧玉製管玉2、碧玉製棗玉2、水晶製切子玉3、ガラス製丸玉8、ガラス製小玉9	昭.29.3調査綜覧前橋市3号
A－d－30	同　　上	同　　上	鉄鏃断片92、鉄製轡断片1、鉄釘30、金銅製雲珠断片55、金銅製冠断片231、碧玉製棗玉断片2、こはく製玉断片70、ガラス製小玉7、同断片4、玉断片若干、朱3、人骨若干、土師器坏片2、土師器片1、須恵器甕片4、磁器片1、埴輪片2	同　　上
A－d－31	塩原塚古墳一括遺物	前橋市田口町千手堂580の1	直刀断片1、鉄鏃3、同断片59、鉄断片若干、赤色顔料若干、人骨若干	昭.29.4調査綜覧漏
A－d－32	山王大塚古墳一括遺物	前橋市山王町3－24	鉄鏃断片10、金銅製耳環3、須恵器坏2、同蓋3、土師器塊1、同坏2	昭.29.8調査綜覧上陽村15号
A－d－33	伊熊古墳一括遺物	北群馬郡子持村上白井字津野2657	鉄鏃6、同断片5、刀子1、同断片1、鉄釘1	昭.27.10調査綜覧白郷井村3号
	有瀬Ⅰ号古墳一括遺物	北群馬郡子持村上白井有瀬2726	直刀2、鉄鏃2、鉄片若干	昭.31.1調査綜覧白郷井村5号
A－d－34	有瀬Ⅱ号古墳一括遺物	北群馬郡子持村上白井有瀬2726	鉄鏃3、同断片22、刀子断片2、鉄製鞘尻金具1、鉄断片10、碧玉製管玉4、人骨片若干、歯3、木片3、木炭片若干、土師器坏3、同断片2、土師器破片14、埴輪破片4、磁器破片3	昭.32.1調査綜覧漏
A－d－35	普賢寺東古墳一括遺物	高崎市綿貫町堀米西1557の1	直刀2、刀片11、鉄製断片2、刀装具断片1、鉄鎌1、鉄斧断片3、鉄地金銅製雲珠断片3、鉄製馬具金具3、同断片2、金銅製杏葉5、金銅製馬具断片8、用途不明鉄片9、眉庇冑断片24、挂甲小札断片60	昭.29.9調査綜覧漏

整理番号	遺物名	出土地	内訳	備考
A－d－36	普賢寺東古墳一括遺物	高崎市綿貫町堀米西1557の1	鉄鏃断片63、挂甲小札断片34、鉄片43、人骨－頭蓋1、肢11、顎1、大腿骨3、その他3袋、玉石55	
A－d－37	奈良古墳群一括遺物	沼田市奈良町大平		昭.30.4調査
A－d－38	大胡5号古墳一括遺物	勢多郡大胡町茂木字上ノ山507	直刀1、刀子1、槍1、鉄断片少数、管玉3、勾玉1、金銅製小形環1、降灰付着須恵器片1	昭.32.3調査 綜覧大胡町5号
	大胡6号古墳一括遺物	同　　上	刀子断片5、鉄片4、白銅鏡1、碧玉製管玉2、ガラス製丸玉3、ガラス製小玉2、滑石製臼玉53、滑石製勾玉4、滑石製有孔円盤1、櫛断片（漆皮膜）1、人骨若干、歯若干	昭.33.8調査 綜覧大胡町6号
A－d－39	滝川2号古墳一括遺物	高崎市下滝町境内17の1	金銅製鞘尻金具1、鉄鏃断片17、刀子断片2、鉄釘1、鉄片2、鉄地金銅断片3、金銅製金具断片45、金銅製耳環断片1、丸玉2、こはく断片3、土師器片14、赤色顔料1袋、人骨若干	昭.41.1調査 綜覧滝川村2号
	大胡17号古墳一括遺物	勢多郡大胡町堀越字五十山981	直刀1、柄断片2、小刀2、鉄片1、須恵器片2、土師器坏1、土師器片14、施釉土器片1	昭.35.3調査 綜覧大胡町17号
A－d－40	正円寺古墳一括遺物	前橋市堀之下町二子塚3800	直刀断片21、鉄鏃破片多数、鉄製轡断片8、刀子断片5、漆皮膜片3、人骨若干	昭.32.12調査 綜覧桂萱村66号
A－d－41	新山Ⅰ号古墳一括遺物	勢多郡宮城村馬場字新山	直刀鯉口金具1、鉄鏃片105、鉄釘同断片2、金銅製帯金具1、尾錠1、その他2、鉄片若干	昭.33.4調査 綜覧漏
A－d－42	新山Ⅱ号古墳一括遺物	同　　上	直刀断片1、平根鉄鏃5、同断片2、鉄鏃片26、鉄釘片4、刀子断片2、鉄片若干、須恵器片14、土師器片10	昭.40.5調査 綜覧漏
A－d－43	古屋敷古墳一括遺物	勢多郡宮城村馬場字古屋敷457	直刀鯉口金具1、同吊金具断片1、鉄鏃16、同断片55、刀子1、同断片2、鉄製鈴1、同断片1、鉄断片1	昭.40.8調査 綜覧漏
A－d－44	中道下古墳一括遺物	伊勢崎市波志江町中道下4875	直刀2（内1鍔、鯉口金具装着）、鉄製鍔断片1、金銅製耳環2、丸玉1	昭.34.3調査 綜覧漏
A－d－45	朝倉Ⅰ号古墳一括遺物	前橋市朝倉町旦那坂前1492	直刀1、同断片7、金銅製鍔1、金銅製鯉口金具1、金銅製責金具2、刀子1、刀子断片3、鉄鏃8、同断片23、骨鏃1、鉄製こじり1、鉄製環断片2、金銅製耳環5、金銅製鳩目2、人骨、歯多数	昭.34.12調査 綜覧上川渕村40号
A－d－46	朝倉Ⅱ号古墳一括遺物	前橋市朝倉町小旦那1633	直刀（内反り）1、剣3、鉄鏃（有柄柳葉）21、鉄鎌1、鉄斧1、同用途不明鉄器1	昭.35.3調査 綜覧上川渕村32号
A－d－47	川内天王塚古墳一括遺物	桐生市川内町3丁目甲16	直刀1、同断片3、鉄製鍔2、鉄製責金具断片1、金銅製刀装具断片8、鉄鏃1、同断片14、鉄製轡（銜二連鏡板環状）1、鉄断片若干、須恵器片1、土師器片4、灰釉陶器片1、縄文土器片1	昭.35.3調査 綜覧川内村2号

番号	名称	所在地	遺物	備考
A－d－48	十二山古墳一括遺物	渋川市中村196	小刀断片1、金銅製鍔1、金銅製吊金具断片4、鉄鏃断片22、鉄製こじり1、刀子断片4、鉄製環1、鉄片3、金銅製鳩目2、須恵器破片3、土師器破片13	昭.36.2調査 綜覧豊秋村1号
A－d－49	シドメ塚古墳一括遺物	群馬郡榛名町本郷字道場前977	鯉口金具断片2、吊金具2、吊金具断片2、鉄製環1、鉄地金銅製鋲付円盤管11、鉄地金銅製留金具7、金銅製透彫杏葉1、同断片15、金銅製管（植物繊維挿入）24、銅製環1、金銅製透彫金具1、銅釘1	昭.36.10調査 綜覧久留馬村14号
A－d－50	同　　上	同　　上	鉄製尾錠断片1、鉄製馬具断片7、鉄地金銅製馬具断片4、鉄断片6、金銅製耳環3、瑪瑙製勾玉1、ガラス製勾玉1、ガラス製勾玉断片1、ガラス製丸玉1、同断片1、ガラス製小玉54、同断片2、水晶製切子玉1、人骨・歯若干、植物種子2	
A－d－51	同　　上	同　　上	鉄鏃断片52、刀子断片、鉄製環1、鉄断片5、同鉄地金銅雲珠断片7、鉄地金銅留金具2、鉄地金銅馬具断片9、金銅製管（植物繊維挿入）1、歯1	
A－d－52	清音Ⅰ号古墳一括遺物	伊勢崎市茂呂町清音376	鍔3（内2鉄製倒卵形透彫、内1銅製）、銅製責金具2、金銅製装具5、鯉口金具1、鉄鏃10、同断片50、無柄平根鉄鏃3、刀子片1、金銅装耳環10、人骨・歯若干、土師器片1	昭.37.3調査 綜覧茂呂村8号
A－d－53	同　　上	同　　上	直刀6、金銅製直刀1、轡断片3、鐙吊金具断片6	
A－d－54	清音Ⅲ号古墳一括遺物	同　　上325	刀子2、鉄釘16、同18、灯明皿2、土師器片6	昭.37.3調査 綜覧漏
	下谷B号古墳一括遺物	佐波郡東村小保方字下谷3709	鉄鏃断片11、刀子断片2、金銅製耳環5、鉄製耳環2、ガラス製小玉2、丸玉片1、歯2	昭.29.6調査 綜覧東村39号
	下谷A号古墳一括遺物	同　　上3899	銅板片5、小玉2	昭.27.6調査 綜覧東村22号
A－d－55	四戸Ⅰ号古墳一括遺物	吾妻郡吾妻町三島字四戸	直刀断片1、鉄鏃断片11(内平根2)、水晶製切子玉3、碧玉製管玉8、ねりもの管玉14、ガラス製丸玉5、ねりもの丸玉5、ガラス製小玉13、こはく製小玉1、こはく製玉破片2、土器片3、埴輪片1	昭.39.7調査
	四戸Ⅳ号古墳一括遺物	同　　上	直刀断片21、鉄鏃断片25、石突断片1、刀子断片5、鉈断片1、銀製環1、碧玉製管玉15、同断片3、碧玉製棗玉1、碧玉製切子玉1、碧玉製臼玉3、碧玉製丸玉2、同断片1、ガラス製小玉1	昭.42.4調査 綜覧漏
A－d－56	萩塚古墳一括遺物	佐波郡玉村町後箇21	直刀2(内1鉄製鯉口金具付)、鍔鯉口金具1、鉄製責金具1、刀子1、刀子断片1、鉄鏃2、同断片38、平根有柄鉄鏃1、轡断片5、金銅製耳環1	昭.41.1調査 綜覧芝根村10号

整理番号	遺物名	出土地	内　　　　訳	備　考
A－d－57	萩塚古墳一括遺物	佐波郡玉村町後箇21	直刀3（内1鯉口金具、金銅装具付）、金銅製円頭柄頭2、金銅製鞘尻金具1、小刀（鯉口金具付）2、鉄鏃断片18、刀子2、刀子断片1	昭.41.1調査 綜覧芝根村10号
A－d－58	芝根1号古墳一括遺物	佐波郡玉村町下茂木字前通383～384	直刀断片1、鉄鏃断片17、雲珠部品1、金銅断片2、金銅製耳環1、ガラス製丸玉1、埴輪片1、土師器片3、人骨若干	昭.42.3調査 綜覧芝根村1号
	玉村10号古墳一括遺物	佐波郡玉村町角渕字深沢2600	鉄鏃断片4、刀子断片3、金銅製装具断片3、金銅製鳩目1、人骨少数、石材サンプル少数	昭.42.1調査 綜覧玉村町10号
	芝根15号古墳一括遺物	佐波郡玉村町川井	鉄鏃6、同断片31、刀子1、同断片5、鉄片1、金銅製耳環5（内大2、小3）、ガラス製小玉23	昭.43.1調査 綜覧漏
A－d－59	芝根7号古墳一括遺物	佐波郡玉村町川井字松塚626～629	直刀4（内1鯉口金具付）、同断片4、鉄製倒卵形鍔2、鉄鏃4、同断片88、刀子2、鉄製轡断片3、鉄製尾錠1、鉄製耳環2、用途不明金具3、鉄製菱形鉄板1、金銅製耳環8、ガラス製丸玉35、ガラス製小玉85	昭.43.3調査 綜覧芝根9号
A－d－60	同　　上	同　　上	直刀2、鉄鏃断片135、鉄片若干	
A－d－61	玉村14号古墳一括遺物	佐波郡玉村町角渕字深沢2360	直刀3（内1鯉口金具付）、倒卵形透彫鍔3、鉄鏃3、同断片26、平根鉄鏃1、刀1、同断片2、鉄製環1、金銅製耳環8、棘玉8（内2滑石製）、同断片7	昭.42.3調査 綜覧玉村町14号
A－d－62	芝根16号古墳一括遺物	佐波郡玉村町川井	鯉口金具断片1、小刀1、鉄鏃断片15、刀子片6、轡断片3、鉄製十字金具2、鉄片5、碧玉製管玉28、水晶製切子玉1、ガラス製小玉28	昭.43.1調査
A－d－63	若宮A号古墳一括遺物	高崎市八幡原町若宮2028・2029	直刀2、鍔2、小刀断片9（内1鞘尻金具付）、鉄鏃8、同断片多数、刀子1、耳環6、ガラス製小玉38、人骨若干	昭.41.3調査
A－d－64	御部入Ⅰ号古墳一括遺物	高崎市乗附町御部入	鉄鏃断片11、無柄五角形鉄鏃1、鉄鉞2、同断片3、鉄片13、銀製環1、瑪瑙製勾玉2、同断片1、丸玉1、同断片1、滑石製丸玉1	昭.42.12調査 綜覧不詳
	御部入Ⅱ号古墳一括遺物	同　　上	刀子断片3、鉄断片3、金銅製耳環5（内銀張り）、金銅製釧1	昭.42.12調査
	御部入Ⅲ号古墳一括遺物	同　　上	小刀1、鉄製倒卵形環1、鉄製耳環1、鉄片4、金銅製耳環1	昭.43.1調査
	御部入Ⅳ号古墳一括遺物	同　　上	有柄平根鉄鏃3、同断片5、鉄鏃断片1、鉄片1	同　　上
	御部入Ⅺ号古墳一括遺物	同　　上	瑪瑙製勾玉1、ガラス製小玉4	昭.43.2調査
A－d－65	御部入Ⅴ号古墳一括遺物	同　　上	直刀（鍔・鯉口金具付）1、鉄製倒卵形透彫鍔1、鉾1、鉄鏃20、同断片8、鉄斧1、鉄釘10、同断片17、鉄鉞2、刀子2、須恵器坏1	昭.43.1調査

A－d－66	御部入Ⅶ号古墳一括遺物	高崎市乗附町御部入	金銅製鯉口金具1、金銅製責金具2、鉄鏃15、同断片34、刀子断片1、鉄釘断片1、鉄片30	昭.43.1調査
	同　上	同　上	小刀1	同　上
	御部入Ⅷ号古墳一括遺物	同　上	金銅製責金具3、鉄釘9、同断片7、鉄断片1、帯金具1、同断片2、須恵器坩1	同　上
	御部入Ⅹ号古墳一括遺物	同　上	小刀1、鉄鏃1、同断片16、刀子（鯉口金具付）1、轡断片7、花形鋲断片1、鉄片9	昭.43.2調査
	御部入ⅩⅠ号古墳一括遺物	同　上	勾玉1、ガラス製玉5	昭.43.2調査 綜覧不詳
A－d－67	御部入ⅩⅣ号古墳一括遺物	同　上	刀子断片1	昭.43.3調査
	御部入ⅩⅥ号古墳一括遺物	同　上	小刀（鯉口金具付）1、鉄鏃断片12、鉄片1、瑪瑙製勾玉1	同　上
	御部入ⅩⅧ号古墳一括遺物	同　上	鉄鏃3、同断片4、鉄製環2、鉄片1	同　上
	御部入ⅩⅢ号古墳一括遺物	同　上	直刀1、刀子断片1、鉄鏃断片7、鉄片6、金銅製耳環3	同　上
	御部入ⅩⅨ号古墳一括遺物	同　上	直刀断片1、小刀断片4、鉄鏃断片3、鉄断片2、金銅製耳環2、鉄製耳環1	同　上
	御部入ⅩⅩ号古墳一括遺物	同　上	無柄平根鉄鏃1、金銅製耳環3、金銅製玉1	同　上
A－d－68	土合Ⅰ号古墳一括遺物	高崎市山名町土合7	碧玉製管玉1、水晶製切子玉1、ガラス製丸玉1、ガラス製小玉2	昭.39.8調査 綜覧八幡村61号
	土合Ⅱ号古墳一括遺物	同　上　4	刀子2、鉄鏃2、同断片5、鉄鎌1、鉄片2、金銅製耳環1、人骨若干	昭.39.8調査 綜覧八幡村70号
	河原Ⅰ号古墳一括遺物	高崎市山名町南894	直刀断片3、刀子断片1、鉄鏃1、同断片69、鉄製吊金具1、鉄製雲珠断片1、馬具断片3、鉄断片7、鉄製耳環1、金銅製耳環1、ガラス製小玉1	昭.42.3調査 綜覧不詳
A－d－69	向井古墳一括遺物	佐波郡赤堀町下触字向井711の1	直刀2、同断片2、鉄製鍔破片2、鉄鏃断片1、針金状鉄製品1	昭.27.1調査 綜覧赤堀村138号
A－d－70	檜峯古墳一括遺物	前橋市上泉町桧峰2223・2224	鉄断片21、人骨・歯7袋	昭.26.2調査 綜覧桂萱村29号
	荒砥今井竪穴古墳一括遺物	前橋市今井町白山東	直刀1	昭.24.2調査 綜覧不詳
	上沖上ノ山古墳一括遺物	前橋市上沖町山ノ上	直刀4	昭.21.12調査 綜覧漏
		現状不明	鉄鏃断片5、鉄片4、金銅製耳環1	昭.21.12 綜覧漏
A－d－71	崇徳山古墳一括遺物	安中市上秋間字崇徳山甲3069	鉄製倒卵形透彫鍔1、刀子断片1、鉄鏃断片11、鉄釘1	昭.38.4調査 綜覧秋間村7号
	庚申B号古墳一括遺物	群馬郡群馬町金古字庚申928	刀子断片1、鉄釘断片6、須恵器片21、土師器片9、人骨若干	昭.38.8調査 綜覧不詳
	上並榎遺跡内古墳一括遺物	高崎市上並榎町山王裏	直刀断片13	昭.26.7調査 綜覧漏

整理番号	遺物名	出土地	内　訳	備　考
	小林Ⅰ号古墳一括遺物	藤岡市小林塚原	無柄平根鉄鏃1、金銅製耳環1、人骨2袋	昭.29.11調査 綜覧不詳
	小林Ⅱ号古墳一括遺物	同　　上	金銅製耳環1	同　　上
	荒砥双児山古墳	不詳	朱1瓶	
	オブ塚古墳	前橋市勝沢町西曲輪420	鉄製倒卵形透彫鐔1	昭.26.1調査 綜覧芳賀村48号
	朝倉鶴巻古墳一括遺物	前橋市朝倉町旦那坂前1413	刀装具1、責金具1、金銅製剣菱形杏葉1、轡断片1袋、金銅製雲珠断片3、留金具3、鋲1、滑石製模造品3、木片3袋	綜覧上川渕村44号
A－d－72	下大屋天神山古墳一括遺物	前橋市（旧荒砥村下大屋）	直刀1、同断片若干	綜覧現状不詳
A－d－73	（古墳不明）一括遺物	現状不明	鉄製頭椎柄頭1、倒卵形透彫鐔1、無柄平根鉄鏃1、有柄平根鉄鏃2、挂甲小札2、鉄製轡1、鉄地金銅釧1対、金銅製耳環8、鉄製耳環2、鈴1、石製模造品一勾玉1、刀子1、不明1	同　　上
A－d－74	鼻高古墳一括遺物	高崎市鼻高町	直刀2（内1鯉口金具・鍔付）、鉄製轡断片3、金銅製耳環1	同　　上
A－d－75	佐野村第40号古墳一括遺物	高崎市下佐野町稲荷塚1040	直刀2（内1鯉口金具付）、小刀2（内1鯉口金具付）、鉄製倒卵形鐔2、鯉口金具断片1、鉄製責金具断片1、鉄鏃断片17、鉄製こじり1、同断片1、鉄製鳩目1、鉄断片6、金銅製耳環9、ねりもの棗玉7、ねりもの小玉15	昭.34.10調査 綜覧佐野村40号
A－d－76	佐野村第41号古墳一括遺物	高崎市下佐野町稲荷塚1015	鉄製倒卵形透彫鐔1、鉄鏃7、同断片37、石突金具断片3、同小刀1、鉄斧1、金銅製耳環2、水晶製切子玉1、ガラス製丸玉8、ガラス製小玉2、鈴断片6、土器片1、	昭.34.10調査 綜覧佐野村41号
A－d－77	佐野村第62号古墳一括遺物	高崎市下佐野町亀甲220	剣断片1、直刀断片35、同1袋、土師器片6	綜覧佐野村62号
A－d－78	同　　上	同　　上	剣3、直刀（一部欠損）	
A－d－79	同　　上	同　　上	剣断片10	
	平塚古墳一括遺物	高崎市八幡町毘沙門甲861	鉄断片13袋	昭.32.5調査 綜覧八幡村6号

B資料箱収納資料リスト

整理番号	旧番号	遺物名	出土地	内　訳	備　考
B－o－1	B－2	各地出土遺物各種	勢多郡 北群馬郡 多野郡・新田郡		
B－o－2	B－4	各地出土遺物各種	高崎市 前橋市 勢多郡		

B－o－3	B－7	各地出土遺物各種	県外 利根郡 吾妻郡 藤岡市 伊勢崎市 群馬郡 高崎市 勢多郡		
B－o－4	B－9	各地出土遺物各種	高崎市 富岡市 佐波郡 勢多郡 碓氷郡		
B－o－5	B－10	各地出土遺物各種	太田市 新田郡 太田市小谷場 太田市鶴山 勢多郡宮城村		
B－o－6	B－36	各地出土土器	高崎市恵徳寺 佐波郡境町木島 有瀬Ⅰ号古墳 松井田町国衙 不明	土師器 土師器 埴輪 縄文土器 埴輪	
B－b－1	B－1	各地出土土器及石器	前橋市総社町山王	縄文土器片、石器片	
			前橋市笂井町八日市・小泉	同　　上	
			高崎市乗附町	同　　上	
			伊勢崎市波志江町（八坂）	同　　上	
			高崎市井野町中川・稲荷塚	同　　上	
			倉渕村権田字上久保	同　　上	
			赤堀町峰岸山	同　　上	
			富士見村横室字十二山・網子	同　　上	
			前橋市江木町荻窪	同　　上	
			〃　原宿	同　　上	
			富士見村横室字庄司原	同　　上	
			前橋市女屋町・狐久保	同　　上	
			前橋市亀泉町・本丸	同　　上	
			富士見村原之郷	同　　上	

整理番号	旧番号	遺物名	出土地	内訳	備考
			倉渕村中尾	縄文土器片、石器片	
			高崎市井野町	同　上	
			勢多郡赤城村滝沢	同　上	
			勢多郡新里村		
			せとはら	同　上	
			奥沢	同　上	
B－b－1	B－1	各地出土土器及石器	大胡町河原浜	同　上	
			前橋市江木町上江木	同　上	
			高崎市鼻高町	同　上	
B－b－2	B－3	各地出土土器及石器	倉渕村権田字上久保・本丸	同　上	
			板倉町(伊奈良)	同　上	
			前橋市峯町	同　上	
			吉井町下奥平	同　上	
			伊勢崎市波志江町新堀下	同　上	
			前橋市江木町上江木	同　上	
			四日市	同　上	
			前橋市江木町荻窪	同　上	
			多野郡	同　上	
			藤岡市	同　上	
			境町米岡	同　上	
			前橋市(旧芳賀村)	同　上	
			勢多郡東村中野	同　上	
			笠懸町清水	同　上	
			桐生市川内須永	同　上	
			北橘村	同　上	
			黒保根村上神梅	同　上	
			榛名町榛名山	同　上	
			新里村	同　上	
			吾妻町須賀尾	同　上	
B－b－2	B－3	各地出土土器及石器	赤城村滝沢	同　上	
B－b－3	B－5	各地出土土器及石器	前橋市小神明町	同　上	
			笠懸村	同　上	
			高崎市乗附町	同　上	
			笠懸町阿左美	同　上	
			黒保根村上神梅	同　上	
			桐生市川内須永	同　上	
			高崎市乗附町	同　上	

整理番号　　旧番号　　遺物名

			網子	縄文土器片、石器片	
			太田	同　　上	
			新治村塚原	同　　上	
			富岡市戸沢小久保	同　　上	
			伊勢崎市西太田	同　　上	
			伊勢崎市波志江町新堀下	同　　上	
			高崎市浜尻町（旧中川村）	同　　上	
			倉渕村権田権田小	同　　上	
			富士見村石井	同　　上	
			八日市	同　　上	
			狐久保	同　　上	
			新里村新川	同　　上	
			富士見村横室	同　　上	
B－b－4	B－6	各地出土土器及石器	南堀	同　　上	
			大泉町字小泉	同　　上	
			万場町相原	同　　上	
			新里村山上	同　　上	
			榛名町榛名山	同　　上	
			吉井町下奥平字吹上	同　　上	
			吉井町下奥平字九代	同　　上	
			吉井町下奥平病院裏	同　　上	
			板倉町板倉	同　　上	
			川場村	同　　上	
			藤岡市中栗須台地	同　　上	
			前橋市荻窪	同　　上	
			倉渕村中尾	同　　上	
			長野原町与寄屋	同　　上	
			桐生市岡公園	同　　上	
B－b－5	B－8	各地出土土器及石器	網子	同　　上	
			利根郡東村東小川	同　　上	
			伊勢崎市今泉町	同　　上	
			高崎市恵徳寺	同　　上	
B－b－6	B－15	八坂遺跡一括	伊勢崎市波志江町新堀下4715	同　　上	昭.44.7調査
B－b－7	B－16	同　　上	同　　上	同　　上	
B－b－8	B－17	同　　上	同　　上	同　　上	
B－b－9	B－18	同　　上	同　　上	同　　上	

整理番号	旧番号	遺物名	出土地	内訳	備考
B－b－10	B－19	八坂遺跡一括	伊勢崎市波志江町新堀下4715	縄文土器片、石器片	昭.44.7調査
B－b－11	B－20	同上	同上	同上	
B－b－12	B－21	同上	同上	同上	
B－b－13	B－22	同上	同上	同上	
B－b－14	B－23	同上	同上	同上	
B－b－15	B－24	同上	同上	同上	
B－b－16	B－25	同上	同上	同上	
B－b－17	B－26	同上	同上	同上	
B－b－18	B－27	同上	同上	同上	
B－b－19	B－28	同上	同上	同上	
B－b－20	B－29	同上	同上	同上	
B－b－21	B－30	同上	同上	同上	
B－b－22	B－31	同上	同上	同上	
B－b－23	B－32	同上	同上	同上	
B－b－24	B－33	同上	同上	同上	
B－b－25	B－39	同上	同上	石皿四半次1、敲石2、凹石（完形2、半欠2）、石器片4（縄文）	
B－b－26	B－41	同上	同上	石器片、土器片各多数、敲石1	
B－b－16	B－42	同上	同上	縄文土器片多数	
B－b－28	B－40	同上	同上	石皿片、縄文土器片、石器片各多数	
B－b－29	B－43	箕郷城山遺跡一括	群馬郡箕郷町西明屋	縄文土器片多数	
B－b－30	B－44	同上	同上	縄文土器片多数	
B－b－31	B－45	同上	同上	縄文土器片多数	
B－b－32	B－48	同上	同上	縄文土器片多数、石鏃片数片、サンプル1	
B－b－33	B－49	同上（1～6区）	同上	縄文土器片多数、打製石斧1、石器片数片	
B－b－34	B－50	同上（6区）	同上	縄文土器片多数	
B－b－35	B－47	青梨洞窟遺跡一括	多野郡万場町青梨字岩津保	縄文土器片多数	昭.43.8調査
B－b－36	B－52	黒坂子遺跡一括	勢多郡東村沢入字黒坂石	縄文土器片多数、石棒片1、敲石1	昭.37.3調査
B－b－37	B－53	板倉町出土遺物一括	邑楽郡板倉町	縄文地器片多数	
B－e－1	B－46	入野遺跡一括	多野郡吉井町字石神	土師器多数、縄文土器片2	
B－e－2	B－38	世良田駅構内遺跡一括	新田郡尾島町世良田	土師器片	
B－e－3	B－37	前橋天神山古墳一括	前橋市後閑町坊山	土師器片	
B－e－4	B－34	青柳出土遺物一括	前橋市青柳	土師器片	

整理番号	旧番号	遺物名	出土地	内訳	備考
B－e－5	B－11	館野遺跡出土遺物一括	北群馬郡子持村中郷字館野	土師器片多数	
B－e－6	B－12	同　上	同　上	土師器片多数	
B－e－7	B－14	館野遺跡F地点一括	同　上	土師器片多数	
B－g－1	B－51	上野国府跡一括	前橋市元総社町大友	土師器片、銭	
B－g－2	B－35	山王廃寺跡	前橋市総社町山王		
		下河原出土遺物一括	前橋市総社町下河原	現状不明	
		出土地不詳	その他		

C資料箱収納資料リスト

整理番号	旧番号	遺物名	出　土　地	内　　訳	備　考
C－o－1	C－84	上ノ山火葬墓人骨	勢多郡大胡町茂木字上ノ山	骨粉1、頭蓋1	
C－o－1	C－84	伊熊出土人骨	北群馬郡子持村伊熊	頭蓋、その他	
C－o－2	C－180	縄文土器破片	勢多郡富士見村時沢		
C－o－2	C－180	同　上	多野郡吉井町岩平		
C－o－2	C－180	同　上	邑楽郡板倉町板倉		
C－o－2	C－180	同　上	北群馬郡子持村上白川		
C－o－2	C－180	同　上	勢多郡富士見村時沢字時東		
C－o－2	C－180	同　上	勢多郡富士見村		
C－o－2	C－180	各地出土土器、石器		縄文土器片多数、石鏃4、滑石製小円盤1	
C－o－2	C－180	土師器	勢多郡富士見村九十九山		
C－o－3	C－182	はらきり松出土土器	勢多郡宮城村柏倉	縄文土器、土師器、須恵器	
C－o－3	C－182	荒砥村今井古墳付近出土	前橋市今井町	弥生土器片、黒耀石片	
C－o－3	C－182	縄文土器破片	勢多郡新里村	破片多数	
C－o－3	C－182	縄文土器	同　上		
C－o－3	C－182	同上	多野郡鬼石町保美濃山	破片、凹石	
C－o－3	C－182	各地出土土器		縄文中～後期土器片、石器2	
C－o－3	C－182		藤岡市白石銅塚	縄文土器片、石田川式土器片	
C－o－3	C－182		吾妻郡吾妻町須加屋	縄文中期片	
C－o－3	C－182		吾妻郡吾妻町	縄文土器片、石器1、凹石	

整理番号	旧番号	遺物名	出土地	内訳	備考
C－o－3	C－182		利根郡新治村永井下原	縄文土器片1、土釜破片、土師器片	
C－o－4	C－193	競馬場遺跡一括遺物	高崎市上中居町	弥生土器片多数	
C－o－4	C－193	市之関遺跡一括遺物	勢多郡宮城村市之関字関口	縄文土器片	
C－o－5	C－136	オブ塚古墳一括遺物	前橋市勝沢町西曲輪420	鉄鏃断片96、不明鉄片若干、刀断片30片、木の実	
C－o－5	C－136	鈴塚古墳一括遺物	高崎市八幡原町若宮	高坏脚片3、土師器片42	
C－o－5	C－136		現状不明	金銅製耳環3、鉄片10	
C－o－5	C－136	稲荷塚古墳一括遺物	邑楽郡明和村斗合田字稲荷塚	金環5、ガラス製小玉21	
C－o－5	C－136	白山古墳一括遺物	勢多郡宮城村苗ケ島字白山	鉄鏃断片20、馬具鐙断片1	
C－o－5	C－136	西山古墳一括遺物	新田郡藪塚本町藪塚湯ノ入	鉄鏃断片15、刀子片1、不明鉄片8、金銅製耳環1、鉄製耳環1、ガラス製丸玉1、石鏃1、歯1	
C－o－5	C－136	奈良ヤ号古墳一括遺物	沼田市奈良町大平339	須恵器片7、刀子片1	
C－o－5	C－136	南下B号古墳一括遺物	北群馬郡吉岡町南下	須恵器片2、土器片4、縄文土器片1、不明鉄片1	
C－o－5	C－136		群馬郡榛名町本郷	鉄環1	
C－o－5	C－136		多野郡吉井町多比良	瓦片3	
C－o－5	C－136		現状不明	鉄製品3、管玉1、土玉1、石錘1	
C－o－6	C－286		安中市東横野	弥生土器、土師器破片	
C－o－7	C－37		千葉県、栃木県	土器片、貝、黒礫石、瓦少形、埴輪少数	
C－o－8	C－49	各地出土品	剣崎、水沼、亀泉、その他	縄文土器片1、埴輪片3、土師器片多数	
C－o－9	C－290	土師器・縄文土器片		骨片、瓦1、須恵器片1、石器片少形、サンプル	
C－o－10	C－283		倉渕村	縄文土器片多数、土師器片多数、須恵器1	
C－o－11	C－280	各地出土土器片	滝沢、八日市、その他	縄文土器片、土師器片、石器片	
C－o－12	C－312		現状不明	縄文土器片、土師器片、須恵器片	
C－b－1	C－39	縄文土器破片	藤岡市白石	土器片多数、石器片少数、石斧1、注口片1、石少数	
C－b－2	C－12	阿左美遺跡一括	新田郡笠懸町阿左美駅構内	土器片多数、石器片少数	
C－b－3	C－13	同上	同上	土器片多数、石器片少数、注口土器片1	

C－b－4	C－288	阿左美B	新田郡笠懸町阿左美駅構内	土器片	
C－b－5	C－287	阿左美A	同　上	土器片	
C－b－6	C－185	東北地方縄文文化遺物		土器片多数、貝殻、獣骨若干	
C－b－7	C－181	縄文土器	前橋市芳賀町	中期縄文土器復原可能土器多数	
C－b－8	C－183	同　上	群馬郡倉渕村権田	縄文土器片多数	
C－b－8	C－183	各地出土土器		石鏃、石匕、石斧	
C－b－8	C－183	土師器、縄文土器	前橋市芳賀町勝沢	土器片（縄文・土師）	
C－b－8	C－183	縄文土器	伊勢崎市波志江町新堀下	土器片、石器	
C－b－8	C－183	同　上	勢多郡宮城村大前田	土器片	
C－b－8	C－183	同　上	前橋市田口町	土器片多数	
C－b－8	C－183	縄文時代遺物	碓氷郡八幡村	土器片1、石器10	
C－b－9	C－179	縄文土器	前橋市荻窪町		
C－b－9	C－179	縄文土器	前橋市亀泉町	土器片	
C－b－9	C－179		宮城村苗ケ島		
C－b－9	C－179	縄文時代遺物	勢多郡富士見村米野	土器片16、石器4	
C－b－9	C－179	縄文土器	前橋市江木町	土器片	
C－b－9	C－179	土師器	桐生市広沢大谷戸	土器片	
C－b－10	C－38	市之関遺跡一括	勢多郡宮城村市之関、関口	縄文土器片多数	
C－b－11	C－224	同上	同上	縄文土器3	
C－b－12	C－265	各地出土石器	佐波郡	石器片多数	
C－b－13	C－284	縄文土器	前橋市芳賀町	土器片	
C－b－14	C－16	林遺跡一括	吾妻郡長野原町林	縄文土器片多数、石少数	
C－b－15	C－17	三十場遺跡一括	埼玉県秩父郡大滝村	縄文土器片多数、石器片少数	
C－b－16	C－18	神ケ原遺跡一括	多野郡中里村神ケ原字原4	縄文土器片多数、サンプル	
C－b－17	C－19	同　上	同　上	縄文土器片少数、サンプル、黒耀石2、凹石少数、雨だれ石1	
C－b－18	C－20	高平遺跡一括	利根郡白沢村字高平	縄文土器片多数、木片1、石2、石器片5、石斧3	
C－b－19	C－46	総社山王遺跡一括	前橋市総社町	縄文土器片多数、石2	
C－b－20	C－48	黒坂石遺跡一括	勢多郡東村沢入字黒坂石	縄文土器片多数、サンプル、石少数、石器片少数	
C－b－21	C－252	広池遺跡一括	吾妻郡六合村赤岩字大平	縄文土器片多数	
C－b－22	C－43	乾田遺跡一括	利根郡水上町小仁田字乾	縄文土器片16、雨だれ石1、石2	

整理番号	旧番号	遺物名	出土地	内訳	備考
C－b－23	C－267	川原湯畑遺跡一括	吾妻郡長野原町川原湯畑	縄文土器4、破片数個	
C－b－24	C－220		邑楽郡板倉町館野字辻	石皿破片、石斧1個、縄文土器片	
C－b－25	C－218	足軽遺跡一括	勢多郡大胡町足軽	縄文土器片	
C－b－26	O－44	万場町若宮八幡遺跡一括	多野郡万場町若宮八幡	縄文土器片多数、石器片少数	
C－b－27	C－40	新羽今井平遺跡一括	多野郡上野村字新羽今井平	縄文土器片多数、サンプル	
C－b－28	C－41	同　　上	同　　上	縄文土器片多数、石器片1、炭化物	
C－b－29	C－42	同　　上	同　　上	縄文土器片多数、石器片少数	
C－b－30	C－227	同　　上	同　　上	同　　上	
C－b－31	C－228	同　　上	同　　上	同　　上	
C－b－32	C－230	同　　上	同　　上	同　　上	
C－b－33	C－229	同　　上	同　　上	同　　上	
C－b－34	C－231	同　　上	同　　上	同　　上	
C－b－35	C－36	箕郷城山遺跡一括	群馬郡箕郷町東明屋556、西明屋丙810	サンプル（縄文）	
C－b－36	C－35	同　　上	同上	縄文土器片多数	
C－b－37	C－34	同　　上	群馬郡箕郷町東明屋556、西明屋丙810	同　　上	
C－b－38	C－33	同　　上	同　　上	同　　上	
C－b－39	C－32	同　　上	同　　上	縄文土器片多数、石器片多数	
C－b－40	C－31	同　　上	同　　上	縄文土器片多数	
C－b－41	C－30	同　　上	同　　上	縄文土器片多数、石少数	
C－b－42	C－310	同　　上	同　　上	縄文土器片多数、土師器燈明皿（口縁部1、半欠大部分欠2）	
C－b－43	C－226	八坂遺跡一括	伊勢崎市波志江町字新堀下	縄文土器片、石器	昭.44.7調査
C－b－44	C－307	同　　上	同　　上	縄文土器片多数（復元中）、耳栓1、耳飾一部1	
C－b－45	C－308	同　　上	同　　上	縄文土器片多数	
C－b－46	C－309	同　　上	同　　上	縄文土器(台付甕1、深鉢3、底部4)	
C－b－47	C－29	中善地遺跡一括	群馬郡箕郷町大字善地字中善地826	縄文式土器片多数	昭.37.4調査
C－b－48	C－28	同　　上	同　　上	縄文土器片多数	
C－b－49	C－27	同　　上	同　　上	縄文土器片多数、石2	
C－b－50	C－26	同　　上	同　　上	縄文土器片多数	
C－b－51	C－25	同　　上	同　　上	縄文土器片多数、炭化物、石少数	
C－b－52	C－24	同　　上	同　　上	縄文土器片多数	

C－b－53	C－23	中善地遺跡一括	群馬郡箕郷町善地字中善地826	縄文土器片多数、雨だれ石1、石少数	
C－b－54	C－22	同　　上	同　　上	縄文土器片多数	
C－b－55	C－21	同　　上	同　　上	縄文土器片6	
C－b－56	C－2	小室遺跡Ⅰ号住居跡一括	勢多郡北橘村小室	縄文土器片多数、石器片多数	昭.42.3調査
C－b－57	C－1	同　　上	同　　上	縄文土器片多数、石棒片2	
C－b－58	C－14	小室遺跡Ⅱ号住居跡一括	同　　上	縄文土器片多数	
C－b－59	C－15	同　　上	同　　上	縄文土器片、石少数、石器片少数	
C－b－60	C－7	海老瀬北貝塚一括	邑楽郡板倉町海老瀬	縄文土器片多数、土塊	昭.38.7調査
C－b－61	C－11	同　　上	同　　上	縄文土器片多数、貝多数、石多数、土錘1、銅銭1	
C－b－62	C－4	同　　上	同　　上	縄文土器片多数	
C－b－63	C－4	同　　上	同　　上	同　　上	
C－b－64	C－10	同　　上	同　　上	縄文土器片多数、石器片、石多数	
C－b－65	C－6	海老瀬北貝塚（第二区）一括	同　　上	縄文土器片少数、サンプル	
C－b－66	C－5	海老瀬北貝塚（第四区）一括	同　　上	サンプル（縄文）	
C－b－67	C－9	同　　上	同　　上	縄文土器片少数、石少数、サンプル	
C－b－68	C－8	海老瀬北貝塚（第五区）一括	同　　上	縄文土器片多数、炭化物、サンプル、石片少数	
C－b－69	C－45		現状不明	縄文土器片多数	
C－b－70	C－217		前橋市芳賀町	縄文土器片	
			現状不明	同　　上	
			前橋市亀泉町	同　　上（口縁部片）	
C－b－71	C－184	各地出土石器		打製石斧25、磨製石斧3、凹石3、その他6	
C－b－72	C－219	各地出土石器及土器	埼玉県児玉郡児玉町金屋梅原	縄文土器片、石器片	
			多野郡平井村　億万長者	同　　上	
			埼玉県児玉郡金屋倉林	同　　上	
			前橋市筑井町	同　　上	
			勢多郡大胡町	同　　上	
			埼玉県児玉郡児玉町長沖	同　　上	
			前橋市文京町（天川）	同　　上	
			利根郡新治村	同　　上	

整理番号	旧番号	遺物名	出土地	内訳	備考
C－b－73	C－225	同　上	勢多郡新里村武井廃寺	縄文土器片、石器片	
			千葉県千葉郡犢橋貝塚	同　　上	
			前橋市峯町	同　　上	
			横浜市西戸部稲荷台	同　　上	
			勢多郡大胡町三ツ屋	石斧3、石片2	
			前橋市峯町	石斧1、石核1	
			小敷原付近	石斧1	
			荻窪	石斧5	
			吾妻郡吾妻町原町	石斧1	
			藤岡市藤岡	石斧1	
			高崎市井野町岡部貝戸	凹石1	
			前橋市上泉町（島岡氏宅）	石斧1	
			高崎市乗附町	石斧1	
			今泉	石斧1	
			八幡	石斧1	
			現状不明	石斧11、石核1、独鈷石1、石砕1、石剣1、凹石2、変形石1	
C－c－1	C－83	浜尻遺跡一括	高崎市浜尻町593	弥生土器片多数、縄文土器片少数、土師器少数、須恵器片少数	
C－c－2	C－295	安中バイパス遺跡一括	安中市安中町上野尻	弥生土器一個体分	
C－c－3	C－81	とっくり穴遺跡一括	吾妻郡嬬恋村千俣熊四郎山国有林80林班、ワ小班	弥生土器片多数	
C－c－4	C－302	荒口前原遺跡一括	前橋市荒口町字前原	弥生土器片	
C－c－5	C－76	乗附弥生Ⅱ号跡一括	高崎市乗附町御部入	弥生土器、高坏脚5、壺1、小形甕1、土器底部1、土器口縁1	
C－c－6	C－75	同　上	同　　上	弥生土器片多数、須恵器片少数	
C－c－7	C－74	乗附弥生Ⅲ号跡一括	同　　上	弥生土器片多数、須恵器片少数	
C－c－8	C－77	同　上	同　　上	弥生土器片（高坏脚1、浅鉢4、小形甕1、小形脚付甕1、壺2、紡錘車片1、土器口縁1）	
C－c－9	C－78	巾遺跡一括	高崎市並榎町巾	弥生土器片多数、土師器片多数	
C－c－10	C－156	同　上	同　　上	須恵器片、埴輪片少数、土師器片少数	

C−c−11	C−157	巾遺跡一括	高崎市並榎町巾	弥生土器片9、土師器片2、須恵器片3、瓦器2	
C−c−12	C−158	同　　上	同　　上	弥生土器片多数、縄文土器片少数、土師器片、須恵器片多数、石少々	
C−c−13	C−159	同　　上	同　　上	弥生土器片多数、土師器片多数、須恵器片多数、石少々	
C−c−14	C−301	井野天神遺跡一括	高崎市井野町天神	サンプル	
C−c−15	C−186	同　　上	同　　上	泥炭かたまり2、植物断片、植物種子多数、層序のサンプル試験管10本	
C−c−16	C−187	同　　上	同　　上	石製模造品4、土師器坩1、縄文土器片、弥生土器片、土師器片、須恵器片、その他	
C−c−17	C−163	同　　上	同　　上	木片多数	
C−c−18	C−223	有笠山岩陰遺跡一括	吾妻郡中之条町上沢渡	弥生土器片2、すり石1、石片1	
C−c−19	C−82	同　　上	同　　上	弥生土器片多数、石器片31、貝1、黒耀石2	焼土
C−c−20	C−311	競馬場遺跡一括	高崎市上中居町	弥生土器片多数	
C−c−21	C−79	水沼3B住居跡一括	群馬郡倉渕村水沼	弥生土器片多数、石斧1	
C−c−22	C−80	水沼住居跡一括	群馬郡倉渕村水沼	弥生土器片多数	
C−c−23	C−303	同　　上	同　　上	弥生土器片多数	
C−c−24	C−281	剣崎遺跡一括	高崎市剣崎町長瀞	弥生土器片多数、有肩石斧1、蜂ノ巣石1、石片2、土製曲玉1、黒耀石片4、桃種子若干	
C−c−25	C−141	同　　上	同　　上	弥生土器片多数、石器片少数	
C−c−26	C−142	同　　上	同　　上	弥生土器片多数	
C−c−27	C−143	同　　上	同　　上	同　　上	
C−c−28	C−144	同　　上	同　　上	同　　上	
C−c−29	C−145	同　　上	同　　上	同　　上	
C−c−30	C−146	同　　上	同　　上	弥生土器片多数、炭化物、石器片1	
C−c−31	C−146	同　　上	同　　上	弥生土器片多数、須恵器少数、石少数	
C−c−32	C−148	同　　上	同　　上	弥生土器片多数	
C−c−33	C−149	同　　上	同　　上	同　　上	
C−c−34	C−150	同　　上	同　　上	弥生土器片多数、須恵器片少々	
C−c−35	C−151	同　　上	同　　上	弥生土器片多数	
C−c−36	C−152	同　　上	同　　上	同　　上	
C−c−37	C−153	同　　上	同　　上	同　　上	
C−c−38	C−154	同　　上	同　　上	同　　上	
C−c−39	C−155	同　　上	同　　上	弥生土器片多数、須恵器片少数	

整理番号	旧番号	遺物名	出土地	内訳	備考
C－d－1	C－104	天神二子古墳一括遺物	館林市高根字寺内108の2、3	円筒埴輪片多数、石6、土師器断片若干、形象埴輪片若干	綜覧多々良村4号
C－d－2	C－103	同上	同上	形象埴輪片多数、円筒埴輪片多数、石2、骨粉1袋、サンプル、須恵器断片1	
C－d－3	C－259	伊勢崎中道古墳一括遺物	伊勢崎波志江町中道下4875	平瓶（一部欠）、提瓶（胴部半欠）ま、須恵器片多数	綜覧記載漏
C－d－4	C－258	上陽10号古墳一括遺物	前橋市山王町	大刀1、大刀破片1、剣1、提瓶破片1（上半部）、須恵器一個体分、土師器片多数、縄文土器片	昭.29.8調査 綜覧上陽村10号
C－d－5	C－255	上石堂古墳一括遺物	高崎市根子屋町2329	須恵器片多数、土師器片多数、埴輪片数片	昭.39.11調査 綜覧八幡村24号
C－d－6	C－68	高塚古墳一括遺物	北群馬郡榛東村新井字高塚	土師器、坏、塊破片多数	34.3調査 綜覧桃井村56号
C－d－7	C－272		藤岡市本郷	埴輪片多数	
C－d－8	C－99	不二山古墳一括遺物	前橋市高田町林	円筒埴輪片多数	昭.29.3調査 綜覧前橋市2号
C－d－9	C－97	オブ塚古墳一括遺物	前橋市勝沢町西曲輪	形象埴輪片多数、円筒埴輪片多数	昭.26.1調査 綜覧芳賀村48号
C－d－10	C－98	同上	同上	須恵器片多数	
C－d－11	C－243	シドメ塚古墳一括遺物	群馬郡榛名町本郷字道場前	馬具（鉄製）、鐙2（一組）、轡2（一組）、その他破片多数	昭36.11調査 綜覧久留馬村14号
C－d－12	C－90	同上	同上	須恵器塊3、蓋5、土師器塊1、土師器断片多数、須恵器片7	
C－d－13	C－91	同上	同上	土師器片多数、須恵器片多数、朱の附着した石1、土サンプルポリ袋2	
C－d－14	C－66	同上	同上	須恵器大甕破片	
C－d－15	C－87	鏡手塚古墳一括遺物	勢多郡粕川村月田字富士宮甲	形象埴輪片多数、石1	昭.23.7～8調査 綜覧粕川村4号
C－d－16	C－89	同上	同上	円筒埴輪片形片、形象埴輪断片数片	
C－d－17	C－63	朝子塚古墳一括遺物	太田市牛沢字朝子塚	円筒埴輪片多数、石田川式土器片若干、土師器片若干、須恵器蓋坏蓋片若干	昭.31.3調査 綜覧沢野村46号
C－d－18	C－65	同上	同上	円筒埴輪片多数、形象埴輪片多数	
C－d－19	C－64	同上（第5トレンチ一括遺物）	同上	円筒埴輪片多数	
C－d－20	C－244	新田郡・勢多郡出土遺物	新田郡・勢多郡	埴輪片多数	
C－d－21	C－254	田向井古墳一括遺物	佐波郡赤堀町今井字田向井	埴輪片多数	
C－d－22	C－251	同上	同上	埴輪片多数	
C－d－23	C－275	玉村37号古墳一括遺物	佐波郡玉村町角渕字深沢2795	石田川式土師器破片多数	昭.41.8調査 綜覧漏1号

C−d−24	C−294	玉村37号古墳一括遺物	佐波郡玉村町角渕字深沢2795	土師器壺2、高坏1、塊4	
C−d−25	C−260	同上	同上	サンプル	
C−d−26	C−88	芝根1号古墳一括遺物	佐波郡玉村町下茂木前通り	円筒埴輪片多数、石田川式甕断片2、燈明皿2、骨粉	昭.42.3調査 綜覧芝根村1号
C−d−27	C−264	芝根7号古墳一括遺物	佐波郡玉村町川井	埴輪片多数	昭.43.3調査
C−d−28	C−270	芝根14号古墳一括遺物	同上	埴輪片多数、サンプル	同上
C−d−29	C−269	芝根15号古墳一括遺物	同上	埴輪片多数	同上
C−d−30	C−285	萩塚古墳一括遺物	佐波郡玉村町後箇字萩塚		昭.41.1調査 綜覧芝根村15号
C−d−31	C−274	同上	同上	埴輪破片多数	
C−d−32	C−253	多胡古墳一括遺物	多野郡吉井町	埴輪片多数、須恵器片多数	
C−d−33	C−276	乗附御部入古墳群一括遺物	高崎市乗附町御部入	須恵器片多数、土師器片多数	
C−d−34	C−305	御部入3・12・14・15号墳一括遺物	同上	埴輪、土師器、須恵器	
C−d−35	C−296	御部入7号古墳一括遺物	同上	須恵器片	
C−d−36	C−105	朝倉Ⅰ号古墳一括遺物	前橋市朝倉町且那板前	須恵器片多数、人骨歯5袋、サンプル	昭.34.12 綜覧上川渕村40号
C−d−37	C−69	崇徳山古墳一括遺物	安中市東上秋間	須恵器、長頸壺破片若干、大形甕破片多数、浮石サンプル1袋	綜覧秋間7号墳
C−d−38	C−222	同上	同上	須恵器大甕片多数	
C−d−39	C−67	かね塚古墳一括遺物	渋川市入沢227	須恵器坏1、蓋1、大甕片若干、土師器坏片若干	昭.38.3調査
C−d−40	C−73	有瀬Ⅰ号古墳一括遺物	北群馬郡子持村上白井字有頼	円筒埴輪半部1、破片多数、石4	昭.31.1調査 綜覧白郷井村5号
C−d−41	C−72	大胡横沢1号墳一括遺物	勢多郡大胡町横沢	人骨多数、土サンプル	昭.44.8調査
C−d−42	C−70	清音1号古墳一括遺物	伊勢崎市茂呂字清音	円筒埴輪片多数、須恵器平瓶1、提瓶2、須恵器片若干、土師器坏片若干、骨片若干、土サンプル	
C−d−43	C−233	御富士山古墳第2次一括遺物	伊勢崎市安堀町富士附	埴輪片多数	昭.38.8調査 綜覧三郷村100号
C−d−44	C−232	同上	同上	埴輪片多数、サンプル	
C−d−45	C−237	多田山古墳一括遺物	佐波郡赤堀町今井字田向543の1	埴輪片多数	昭.27.4調査 綜覧赤堀村314号
C−d−46	C−238	荒口大道古墳一括遺物	前橋市荒口町大道	須恵器片1、埴輪片多数	昭.40.6調査
C−d−47	C−262	古屋敷古墳一括遺物	勢多郡宮城村馬場457	土師器破片数片、サンプル	昭.40.8調査

整理番号	旧番号	遺物名	出土地	内訳	備考
C－d－48	C－263	城南48号墳出土遺物	前橋市（旧城南村）	埴輪破片多数	
C－d－49	C－139	朝倉Ⅱ号古墳一括遺物	前橋市朝倉町小旦那	土師器片多数、サンプル	昭.35.3査 綜覧上川渕村32号
C－d－50	C－138	同上	同上	壺形土器片4	同上
C－d－51	C－137	同上	同上	壺形埴輪片2、壺形埴輪片多数	同上
C－d－52	C－140	鶴山古墳一括遺物	太田市鳥山字八幡林2140	鉄板多数	昭.23.12調査 綜覧鳥之郷村3号
C－d－53	C－94	長勝寺裏古墳一括遺物	太田市高林	円筒埴輪多数、石1	
C－d－53	C－94	高林古墳一括遺物	太田市高林字中原	円筒埴輪片	昭.25.7調査 綜覧沢野村72号
C－d－54	C－95	美九里神田古墳一括遺物	藤岡市美久里字神田	形象埴輪片多数	昭.27.3調査
C－d－55	C－96	普賢寺東古墳一括遺物	高崎市綿貫町堀込田	挂甲胴部断片多数	昭.29.9調査
C－d－56	C－85	洞山古墳一括遺物	佐波郡赤堀町五目牛	形象埴輪片多数	昭.25.8調査 綜覧赤堀村55号
C－d－57	C－86	塩原塚古墳一括遺物	前橋市田口町千手堂580の1	須恵器高坏1、須恵器片2、歯、骨粉	昭.29.4調査
C－d－58	C－279	大応寺古墳一括遺物	高崎市倉賀野町大応寺	土師器破片（石田川系）、坩（口縁部欠）1	昭.30.4調査
C－d－59	C－106	上淵名くつわ塚一括遺物	佐波郡境町上渕名	馬具（鉄）多数、鉄鏃多数、金銅製耳環3、管玉2、石鏃1、水晶製切子玉1	
C－d－60	C－115	南原C号墳一括遺物	佐波郡赤堀町今井字南原109	土師器塊3、土師器坩1、鉄鏃断片多数、粘土サンプル、土師器片若干、形象埴輪片1	昭.25.3調査 綜覧赤堀村156号
C－d－61	C－291	蔵王塚古墳一括遺物	高崎市下佐野町蔵王塚832・835	須恵器破片	昭.32.8調査 綜覧佐野村85号
C－d－62	C－131	同上	同上	土師器坏片多数、土師器片多数、須恵器片多数	
C－d－63	C－132	同上	同上	須恵器片多数	
C－d－64	C－133	同上	同上	須恵器片多数	
C－d－65	C－125	成塚古墳一括遺物	太田市成塚字下新田	土師器坏1、土師器高坏3、土師器片多数	
C－d－66	C－134	同上	同上	形象埴輪片多数、縄文土器片、骨粉1袋	
C－d－67	C－135	石山南古墳一括遺物	佐波郡赤堀町下触字石山46	形象埴輪片多数、円筒埴輪片多数	昭.27.8調査 綜覧赤堀村120号
C－d－68	C－177		太田市天良	長頸壺頸部、土師器底部	
C－d－68	C－177		勢多郡宮城村苗ヶ島井上	高台附須恵器片2、須恵器大甕片4	
C－d－68	C－177		前橋市総社町	長頸壺頸部	
C－d－68	C－177		渋川市金井	薬壺底部	
C－d－68	C－177		県内各地	須恵器	

C－d－68	C－177		前橋市上泉町武田	須恵器壺	
C－d－68	C－177		前橋市上泉町	中瓶破片	
C－d－68	C－177	葭原第8号墳一括遺物	新田郡新田町上田中	高台付長頸壺頸部欠損	
C－d－68	C－177	猿田古墳羨門出土遺物	藤岡市白石	長頸壺頸部	
C－d－68	C－177		多野郡神流村下手塚	無蓋高坏片（脚部窓が三方二段）	
C－d－69	C－102	壇塚古墳一括遺物	勢多郡粕川村月田字富士宮	形象埴輪片1片	昭.25.3調査 綜覧粕川村36号
C－d－70	C－101	同上	同上	形象埴輪片多数	
C－d－71	C－100	同上	同上	形象埴輪片多数	
C－d－72	C－277	各地出土古墳遺物		御部入17号（弥生破片数片）、御部入55号墳（須恵片数片） 玉村37号墳（萩塚）金銅製耳環1、鉄鏃片多数 玉村3号墳（金銅製1、鉄鏃片数片）	
C－e－1	C－160	井野、岡貝戸遺跡一括遺物	高崎市井野町岡貝戸	石15	昭.26.9調査
C－e－2	C－161	同上	同上	弥生片少数、土師片多数、須恵器片多数、瓦少数、石器片	
C－e－3	C－162	同上	同上	縄文片少数、弥生片多数、土師片多数、須恵器片少数、石器片内取、石斧1、鉄器片少々、サンプル	
C－e－4	C－118	安中バイパス遺跡一括遺物	安中市安中字上尻	土師器片多数、須恵器若干、陶器片1	昭.41.12調査
C－e－5	C－257	三島台遺跡一括遺物	新田郡藪塚本町藪塚	土師破片多教	昭.25.8調査
C－e－6	C－198	同上	同上	須恵器蓋坏蓋1、身3、土師器塊1、坏1、片口付深鉢1、破片2	
C－e－7	C－194	同上	同上	土師器ほぼ完形1、土師器破片11、断片4袋、鉄片2、各種サンプル17	
C－e－8	C－195	同上	同上	土師器片多数、須恵器片、石器少数、石1袋、縄文土器少々	
C－e－9	C－221	松井田町国衙一括遺物	碓氷郡松井田町国衙	土師器小形甕半欠1、塊1、甕等破片若干、埴輪片若干	
C－e－10	C－92	玉村37号古墳々丘下一括遺物	佐波郡玉村町角渕字深沢2795	石田川式土器片多数、土師器高坏断片1、石田川式甕断片2、石器	昭.41.8調査
C－e－11	C－93	同上	同上	土師器片多数	
C－e－12	C－108	荒子小学校々庭遺跡一括遺物	前橋市荒子町	土師器片多数	昭.38.4調査

整理番号	旧番号	遺物名	出土地	内訳	備考
C－e－13	C－109	荒子小学校々庭遺跡一括遺物		土師器片多数、須恵器片多数	
C－e－14	C－107	小八木一括遺物	高崎市小八木町	土師器塊1、断片5、高坏片1、壺破片1、土師器片多数	
C－e－15	C－57	鶴辺遺跡一括遺物	高崎市寺尾町鶴辺	土師器高坏破片多数、甕破片多数、脚付甕破片多数、壺破片多数	昭.37.12調査
C－e－16	C－56	同　上	同　上	土師器坩2、まり4、壺破片1	
C－e－17	C－58	同　上	同　上	土師器坩1、大形壺破片1、小形壺1、脚付甕破片1	
C－e－18	C－256	同　上	同　上	土師器片多数、脚台付塊	
C－e－19	C－246	大室小第2遺跡一括遺物	前橋市西大室町2817	土師器片多数	昭.32.7調査
C－e－20	C－236	桃野上津一括遺物	利根郡月夜野町上津	石2、土師器片多数	
C－e－21	C－240	赤堀下触遺跡一括遺物	佐波郡赤堀町下触1060	土師器片多数	昭.48.3調査
C－e－22	C－293	下諏訪遺跡一括遺物	伊勢崎市下諏訪町116	土師器壺3、破片多数	昭.35.12調査
C－e－23	C－116	御伊勢坂遺跡一括遺物	佐波郡赤堀町今井字久保	土師片多数	昭.27.12調査
C－e－24	C－117	同　上	同　上	土師器断片多数、須恵器断片多数、鉄片2袋、ふひご口1	
C－e－25	C－249	同　上	同　上	鉄滓多数	
C－e－26	C－119	荒口小塚一括遺物	前橋市荒口町	石田川式土器片多数、石1、石器片1、縄文土器片若干	
C－e－27	C－235	荒砥出土一括遺物	前橋市（旧荒砥村）	土師器片多数、塊1	
C－e－28	C－234	藪塚榎八幡遺跡一括遺物	新田郡藪塚本町	石多数	
C－e－29	C－239	桂萱中学校出土遺物	前橋市桂萱町	土師器片多数、須恵器片数片	
C－e－30	C－124	小神明遺跡一括遺物	前橋市小神明町堤下	土師器片多数、土師器甕片2	昭.28.4調査
C－e－31	C－114	荒砥富田一括遺物	前橋市富田町	土師器塊5、皿1、高坏片1、壺片3、甕片2、甕2	
C－e－32	C－266	宝塔山南出土遺物	前橋市総社町	土師器塊底部1、甕胴部片1、破片多数	
C－e－33	C－129	牛沢朝子塚北遺跡一括遺物	太田市牛沢	石田川式脚付甕片1、石田川式土器片多数、土師器坏4、土師器塊1	
C－e－34	C－196	荒砥北小遺跡一括遺物	前橋市（旧荒砥村）	土師器片多数、須恵器少数	昭.27.5調査
C－e－35	C－197	荒口神社境内遺跡一括遺物	前橋市荒口町	土師器片1ポリ袋、石7、浮石1、玉石1	昭.31.3調査

C－e－35	C－197	東村江田出土遺物	前橋市江田町	土師器片ポリ1袋、石1	
C－e－36	C－71	熊倉遺跡第2号住居跡一括遺物	吾妻郡六合村入山字松岩	土師器糸切底塊1、須恵器壺頸部2、石5	昭.37.8調査
C－e－37	C－123	熊倉遺跡一括遺物	同　　上	土師器片多数、須恵器片多数、サンプル	
C－e－38	C－191	荒砥東小学校出土遺物	前橋市（旧荒砥村）	土師器破片多数	昭.27.8調査
C－e－39	C－188	上並榎遺跡一括遺物	高崎市上並榎町山王裏1139	土師器片形数、弥生土器片少数、須恵器片少数、瓦片1	昭.26.7調査
C－e－40	C－189	同　　上	同　　上	土師器片多数、弥生土器片少数、須恵器片少数、石1	
C－e－41	C－190	同　　上	同　　上	土師器片多数、木片(炭火)4袋、鉄（含釣針状品）3片、石3ケ、弥生土器片少数、焼石1	昭.26.8～7調査
C－e－42	C－191	同　　上	同　　上	土師器片多数、弥生土器片少数、須恵器片少数	
C－e－43	C－192	同　　上	同　　上	土師器片多数、弥生土器片少数、須恵器片少数	
C－e－44	C－59	世良田駅構内遺跡一括遺物	新田郡尾島町世良田	土師器塊2、坏2、高坏1、塊破片1、小形甕2、まり1、坩1、甑1、高坏脚1、須恵器壺1	昭.36.5調査
C－e－45	C－60	同　　上	同　　上	土師器坩1、坏4、坏片若干、甑片1、壺及び甕片多数、鉄断片若干、石3	
C－e－46	C－110	同　　上	同　　上	土師器片多数、須恵器片多数	
C－e－47	C－111	同　　上	同　　上	土師器片多数、石1	
C－e－48	C－192	同　　上（世良田Ⅱ）	同　　上	土層サンプル	
C－e－49	C－289		伊勢崎市本関町八幡沼南の畑	土師器片、須恵器片、埴輪片	
C－e－50	C－113	粕川村膳石原出土遺物	勢多郡粕川村膳石原	土師器片多数、土師器甕断片1	
C－e－51	C－241	白郷井中校庭遺跡一括遺物	北群馬郡子持村上白井2569	土師器片多数、石器数個、土層サンプル	昭.36.11調査
C－e－52	C－120	入野遺跡一括遺物	多野郡吉井町石神	土師器塊7、同片1、甕片1、高坏片1、土師器片多数、石器片1	昭.33.8調査
C－e－53	C－250	女塚遺跡一括遺物	佐波郡境町女塚字道西	土師器坏4、塊1	昭.36.10調査
C－e－54	C－121	伝右衛門遺跡一括遺物	館林市近藤字伝右衛門2899	石2、軽石1、土師器坩1、高坏片5、甕片2、土錘1	昭.37.8調査
C－e－55	C－122	同　　上	同　　上	土師器高坏7、高坏片4、土師坩片3	
C－e－56	C－242	下小島遺跡一括遺物	高崎市下小鳥町	土師器坏5、壺胴部1、須恵片数片	

整理番号	旧番号	遺物名	出土地	内訳	備考
C－e－57	C－199	下小島遺跡一括遺物	高崎市下小鳥町	土師器高坏2・脚1、坏7、塊2、小形甕1、石製模造品小玉6・刀子3	
C－e－58	C－112	館野遺跡一括遺物	北群馬郡子持村中郷字館野2256	石6、サンプル、炭化物4	昭.37.7調査
C－e－59	C－278	同上	同上	土師器坩2、坏3、滑石製玉12	
C－e－60	C－52	館野遺跡2号住居一括遺物	同上	土師器坏3、坏片1、甕片多数	
C－e－61	C－51	同上（3号住居一括遺物）	同上	土師器坏2、坏片1、甑1、片口片1、坩片1、深鉢片1、小形甕片1、甕片多数	
C－e－62	C－54	同上（A地点一括遺物）	同上	土師器坏7、坏片4、蓋坏の身1、高坏片1、手捏土器1、須恵器𤭯片1、高坏片多数、大甕片多数	
C－e－63	C－55	館野遺跡2号住居一括遺物（D地点一括遺物）	同上	土師器坏12、同片8、鉢2、手づくね3、鉢片2、壺片2、須恵器横瓶1、石製模造品鏡1、有孔円盤、不整模造品17、剣形品7、臼玉79、鉄片若干	
C－e－64	C－53	同上（F地点一括遺物）	同上	土師器坏4、高坏1、小形甕1、脚附甕片1、鉢1、壺片1、蓋坏身片、鉄片若干	
C－e－65	C－50	同上（G地点一括遺物）	同上	土師器高坏1、坏2、坏1、坏片1、坩片1、脚付甕片1、甑片、須恵器坏片1	
C－e－66	C－282			土師壺、下部欠損1、口縁部、口頸部4、完形1、須恵器下部片4	
C－e－67	C－292			土師器、塊4、甕半分1、羽釜、壺胴片1、板碑1	
C－e－68	C－245	新里山上徳遺跡一括遺物	勢多郡新里村山上字堂城629	土師片多数、炭化物、埴輪片	昭.30.3調査
C－g－1	C－130	宮田畔畔遺跡一括	勢多郡赤城村宮田字中島	石膏足型	昭.36.4調査
C－g－2	C－304	武井廃寺一括	勢多郡新里村武井	須恵器片	昭.44.調査
C－g－3	C－169	同上	同上	平瓦片20、軒丸瓦2、須恵器	
C－g－4	C－126	下大屋出土遺物一括	前橋市下大屋町	瓦器高台付坏形土器4、須恵器片多数、土師器片多数、須恵器壺片1	
C－g－5	C－61	同上	同上	糸切底坏30、同片若干、高台付坏2	
C－g－6	C－273	八重巻窯址一括	安中市下秋間字八重巻	瓦破片多数、石膏型多数	昭.32.7調査
C－g－7	C－164	同上	同上	瓦片	
C－g－8	C－248	片並木遺跡一括	勢多郡宮城村苗ケ島字片並木	土層サンプル、鉄滓サンプル	昭.36.1調査

C－g－9	C－247	片並木遺跡一括	勢多郡宮城村苗ヶ島字片並木	土層サンプル、鉄滓サンプル	
C－g－10	C－271	同　　上	同　　上	土師片多数、ふいご口1	
C－g－11	C－36	宇通廃寺D群一括	勢多郡粕川村赤城山字大猿2の456	瓦多数	昭.42.8調査
C－g－12	C－300	同　　上	同　　上	瓦多数	
C－g－13	C－278	同　　上	同　　上	瓦多数	
C－g－14	C－297	同　　上	同　　上	瓦多数	
C－g－15	C－299	同　　上	同　　上	サンプル	
C－g－16	C－268	苅稲窯跡一括	安中市東上秋3051・2	瓦大片1、石2、サンプル	昭.40.8調査
C－g－17	C－216	同　　上	同　　上	平瓦片多数	
C－g－18	C－215	同　　上	同　　上	重弧文平瓦片1、塊片8個体、須恵器片多数	
C－g－19	C－214	同　　上	同　　上	平瓦片大6、同小多数	
C－g－20	C－213	同　　上	同　　上	須恵器片多数、瓦片多数	
C－g－21	C－212	同　　上	同　　上	丸瓦1、平瓦片8	
C－g－22	C－211	同　　上	同　　上	平瓦2、丸瓦1、瓦片多数	
C－g－23	C－210	同　　上	同　　上	須恵器片多数、サンプル、炭	
C－g－24	C－209	同　　上	同　　上	瓦片多数、須恵器片2袋、サンプル1袋	
C－g－25	C－208	同　　上	同　　上	瓦片多数	
C－g－26	C－207	同　　上	同　　上	瓦片多数、須恵器口縁部片2、須恵器片2袋	
C－g－27	C－205	同　　上	同　　上	須恵器片9袋、瓦片4袋、瓦片大4	
C－g－28	C－204	同　　上	同　　上	須恵器片多数、瓦片多数	
C－g－29	C－203	同　　上	同　　上	瓦片多数、須恵器片多数	
C－g－30	C－202	同　　上	同　　上	須恵器片7、瓦片5袋	
C－g－31	C－201	同　　上	同　　上	瓦片多数、須恵器片4袋	
C－g－32	C－206	苅稲II号窯跡一括	同　　上	須恵器片多数	
C－g－33	C－200	同上	同　　上	須恵器片多数	
C－g－34	C－174	瓦		軒平瓦2	
C－g－34	C－174	瓦	吉井町馬庭東	複弁軒丸瓦片1	
C－g－34	C－174	瓦	吉井町石井	丸瓦片1	
C－g－34	C－174	瓦	太田市金山城	軒平瓦2	
C－g－34	C－174	瓦	渋川市有馬廃寺	軒平瓦4	
C－g－34	C－174	瓦	原矢島	平瓦1	
C－g－34	C－174	瓦	北甘楽郡磐戸村字黒龍	瓦1	
C－g－34	C－174	瓦	伊勢崎市豊城町原城	軒平瓦1、塼1	
C－g－34	C－174	瓦	勢多郡新里村雷電山	軒平瓦片1	
C－g－34	C－174	瓦	新田郡新田町入谷	丸瓦1	

整理番号	旧番号	遺物名	出土地	内訳	備考
C－g－34	C－174	瓦	太田市（旧強戸村地蔵久保）	複弁軒丸瓦1	
C－g－34	C－174	瓦	県内各地出土	瓦片6	
C－g－34	C－174	瓦	桐生	軒平瓦片3	
C－g－34	C－174	瓦	坂上村本宿	平瓦片1	
C－g－35	C－62	元総社小校庭遺跡一括	前橋市元総社町	土師器片多数、鉄滓1、須恵器片多数	
C－g－36	C－178		群馬郡榛名町本郷	華瓶（須恵器）高台付	
C－g－36	C－178		埼玉県大里郡大宿村土敷面	華瓶（須恵器）高台付	
C－g－36	C－178		伊勢崎市東上宮字川原	常滑焼華瓶	
C－g－36	C－178		佐波郡赤堀町下触字片田	華瓶	
C－g－36	C－178		県内外出土土器	高台付盤	
C－g－36	C－178			須恵器高台付華瓶	
C－g－37	C－175	高島曲輪窯跡一括	前橋市高島曲輪	陶器片56、エンゴロウ10	
C－g－38	C－176	護国神社境内一括	高崎市乗附町	複弁軒丸瓦1、須恵器破片4、薬子片2、壺破片18、塊破片20、土師坏片1	
C－g－39	C－168	上植木廃寺瓦一括	伊勢崎市	瓦片	
C－g－40	C－165		毛里田村	瓦片5	
C－g－41	C－166	双子窯址一括	甘楽郡岩平村 多野郡吉井町岩平	盤1、蓋2、糸切底塊2、脚部1、口縁部3、窯壁片3、土器片3	
C－g－42	C－167	山王廃寺瓦	前橋市総社町	瓦片多数	
C－g－43	C－172		不明	瓦片6	
C－g－44	C－170		埼玉県渡瀬村浄土ケ原	軒丸瓦片1	
C－g－44	C－170		奈良県薬師寺西塔址	平瓦1	
C－g－44	C－170		神奈川県相模国分寺	平瓦片3	
C－g－44	C－170		福岡県筑前国分寺	平瓦片5	
C－g－44	C－170		京都府白川	瓦片12	
C－g－44	C－170		宮城県多賀城	軒丸瓦2、平瓦6	
C－g－44	C－170		宮城県国分寺	軒丸瓦片2	
C－g－44	C－170		東京都武蔵国分寺	平瓦4	
C－g－44	C－170		茨城県常陸国分寺	軒丸瓦1、平瓦1	
C－g－44	C－170		県外各地出土	瓦片多数	

整理番号	旧番号	遺物名	出土地	内訳	備考
C－g－45	C－128	古瀬戸資料一括	愛知県瀬戸市赤津小長曽鳥平、東洞、東窯、扶桑、長谷峯	瓦器山茶埦、瓦器こねばち断片2、瓦器燈明皿1古瀬戸断片6、黄瀬戸天目断片8、焼台1	
C－g－46	C－129	瀬戸市東洞窯遺物一括	愛知県瀬戸市東洞窯北	瓶子、四耳壺断片17、瓶子塊1	
C－g－47	C－173	上野国分寺出土瓦	上野国分寺	軒丸瓦片3、軒平瓦5、文字瓦2	
C－g－48	C－171	大陸考古資料一括		高句麗平瓦1、遼軒平瓦1、遼瓦当面1、東南アジア建築細部2	

D資料箱収納資料リスト

整理番号	旧番号	遺物名	出土地	内訳	備考
D－o－1	D－60		高崎市小八木町	土師器片、須恵器片、弥生土器片各多数	
D－o－2	D－61		前橋市上細井町	縄文土器片、土師器片（甕・高坏）、須恵器（大甕・高台付埦）、瓦器片、土釜片	
D－o－3	D－66		館林市	サンプル	
D－o－4	D－151		藤岡市美久里字矢場前原	土師器片（半欠・坏）2、須恵器片・土師器片数片、	
D－o－5	D－144		西天神	土師器片、須恵器片各多数	
D－o－6	D－145		勢多郡宮城村柏倉十字路	打製石斧1、須恵器片・土師器片・縄文土器片各	
D－o－7	D－142		現状不明	甑底部1、須恵器・土師器片・縄文土器片	
D－o－8	D－182		利根郡白沢村	石器3、土師器片21	
D－o－9	D－197	各地出土土器	現状不明	土師器一個体分	
			藤岡市浅見	高坏上部	
			藤岡市本郷	不明	
			高崎市岩鼻町	石器10	
			渋川市中塚町	弥生土器片多数	
D－o－10	D－196	各地出土土器及石器	高崎市浜尻町	土師底部2、縄文土器1	
			新田郡藪塚本町	岩版状のもの	
		各地出土土器	現状不明	石鏃	
			群馬郡館村		
			新田郡尾島町	土製管玉4	
			現状不明	サンプル3、石錘1	
D－o－11	D－241	各地サンプル安中バイパス遺跡	前橋天神山古墳	サンプル	
			安中市安中字上尻	弥生土器片3	
			現状不明	サンプル	
D－o－12	D－15		現状不明	石斧4、石片若干、縄文土器片・須恵器片・瓦片・円筒埴輪片・土師器片各若干	

整理番号	旧番号	遺物名	出土地	内　　訳	備　考
D－o－13	D－14		現状不明	寛永通宝5、土師器片、弥生土器片	
D－o－14	D－198		現状不明	須恵器片、土師器片	
D－o－15	D－195		現状不明	縄文土器片1、瓦片、土師器片、須恵器片	
D－o－16	D－194		現状不明		
D－o－17	D－185		現状不明	須恵器片、埴輪片	
D－o－18	D－176		現状不明	須恵器片8、瓦片1	
D－o－19	D－192	オブ塚古墳	前橋市勝沢町西曲輪	刀子（鉄製）1、鞘貴金具1、壁石1、土師器片多数	
			金大岩	磁器底部1	
			現状不明	石1	
D－b－1	D－19	足軽遺跡一括	勢多郡大胡町足軽	剝片4、凹石1、土器片多数	
D－b－2	D－158	同　　上	同　　上	縄文土器片多数、土師器片多数、須恵器片数片、石器片数片	
D－b－3	D－20	青梨遺跡一括遺物	多野郡万場町青梨字岩津保	石斧（？）1、敲石2、扁平な河原石破片1、剝片5、棒状石1、チャート製剝片1、土器片26（内赤色塗彩1）、骨片若干、銅銭（文久永宝）5	
D－b－4	D－189	阿左見B号住居跡一括	新田郡笠懸町阿左見駅構内	縄文土器片	
D－b－5	D－114	市之関遺跡一括	勢多郡宮城村市之関字関口	磨石破片3、石斧1、石斧破片1、扁平磨石2、剝片石器5、剝片14、チャート剝片14、黒曜石剝片6	
D－b－6	D－115	同　　上	同　　上	縄文土器片（前期）多数	
D－b－7	D－133	同　　上	同　　上	縄文土器片多数	
D－b－8	D－204	板倉小保呂遺跡サンプル	邑楽郡板倉町		
D－b－9	D－1	海老瀬北貝塚一括	邑楽郡板倉町海老瀬	縄文土器片、石片、石砕片	
D－b－10	D－11	大林II遺跡1号跡一括	勢多郡粕川村室沢大林	凹石1、剝片1、縄文土器片（大7、小多数）	
D－b－11	D－12	同　　上	同　　上	縄文土器片、サンプル	
D－b－12	D－10	大林II遺跡2号跡一括	同　　上	縄文土器片	
D－b－13	D－5	同　　上	同　　上	縄文土器片多数、剝片3、扁平石1、敲石破片1	
D－b－14	D－6	同　　上	同　　上	石片8、縄文土器片多数	
D－b－15	D－7	同　　上	同　　上	縄文土器片多数	
D－b－16	D－8	同　　上	同　　上	縄文土器片多数	
D－b－17	D－9	同　　上	同　　上	縄文土器片多数	
D－b－18	D－234	大林遺跡一括	同　　上	縄文土器片多数、凹石1、石器片多数	

D－b－19	D－18	黒坂石遺跡一括	勢多郡東村沢入字黒坂石	石片3、縄文土器片多数	
D－b－20	D－2	小室遺跡Ⅰ一括	勢多郡北橘村小室	縄文土器片	
D－b－21	D－3	同　　上	同　　上	縄文土器片	
D－b－22	D－4	小室遺跡Ⅱ一括	同　　上	石斧5、石斧片5、敲石2、敲石片2、剥片多数	
D－b－23	D－129	同　　上	同　　上	縄文土器片多数	
D－b－24	D－76	小神明遺跡一括	前橋市小神明町	縄文土器片若干、炭化木材片16、凝炭塊1、鉄置換木片若干	
D－b－25	D－17	産業道遺跡一括	前橋市総社町山王	磨石片1、石斧1、石斧片1、剥片5、土器片多数	
D－b－26	D－138	関宿貝塚	千葉県東葛飾郡大利根村関宿	貝多数	
D－b－27	D－237	関宿貝塚三次	同　　上	敷物（炭化）	
D－b－28	D－26	高平遺跡一括	利根郡白沢村高平	骨	
D－b－29	D－33	築地遺跡一括	利根郡片品村築地98	縄文土器片15、チャート剥片少数	
D－b－30	D－200	築地遺跡サンプル	同　　上		
D－b－31	D－24	新羽遺跡一括	多野郡上野村新羽字今井平	縄文土器片	
D－b－32	D－122	同　　上	同　　上	縄文土器片	
D－b－33	D－123	同　　上	同　　上	縄文土器片	
D－b－34	D－124	同　　上	同　　上	縄文土器片、石器	
D－b－35	D－140	中善地遺跡一括	群馬郡箕郷町善地字中善地820	縄文土器片多数	
D－b－36	D－141	同　　上	同　　上	縄文土器片多数	
D－b－37	D－21	林遺跡一括	吾妻郡長野原町林	縄文土器片多数、石斧破片	
D－b－38	D－16		勢多郡富士見村原之郷	縄文土器片26	
D－b－39	D－146		勢多郡富士見村原之郷	縄文土器片12	
D－b－40	D－13	はるな郷遺跡一括	群馬郡箕郷町松之沢	石鏃破片2、剥片15（内黒曜石4）、縄文土器片55	
D－b－41	D－128		勢多郡富士見村時沢	縄文土器片多数	
D－b－42	D－22	箕郷城山遺跡第二次一括	群馬郡箕郷町西明屋丙810・東明屋556	縄文土器片多数、剥片3（内黒曜石1）	
D－b－43	D－23	同　　上	同　　上	石斧6、石斧片19、凹石1、剥片石器9、その他石片多数	
D－b－44	D－148	同　　上	同　　上	縄文土器片多数	
D－b－45	D－239	同　　上	同　　上	縄文土器片多数	
D－b－46	D－126	市ノ関出土遺物一括	勢多郡宮城村市之関字前田818	石斧1、磨石1、凹石1、一括石器多数	

整理番号	旧番号	遺物名	出土地	内訳	備考
D－b－47	D－227	八坂遺跡一括	伊勢崎市波志江町字新堀下4715	朱彩耳飾1、一部朱彩耳環2、朱彩耳環半欠、耳栓大2（内半欠1）、中3、小2、注口土器（注口のみ）、土錘、石鏃6（内無茎2、有茎完形3、有茎一部2）、磨製石斧（一部欠）1、石剥片	
D－b－48	D－230	同　上	同　上	縄文土器片多数	
D－b－49	D－221	八束脛洞窟	利根郡月夜野町後閑字穴切	縄文土器片、骨	
D－b－50	D－205	三十場遺跡一括	埼玉県秩父郡大滝村大滝字三十場1061	縄文土器片、土層サンプル	
D－b－51	D－203	五代出土遺物	前橋市	縄文土器片、石器	
D－b－52	D－173	江木出土遺物	前橋市江木町	打製石器、磨製石斧、縄文土器片	
D－b－53	D－113	東北大木貝塚出土遺物一括		縄文土器片17	
D－b－54	D－178		佐波・伊勢崎市	石器	
D－b－55	D－179		桐生市	縄文土器	
D－b－56	D－181		県内各地	縄文土器	
D－b－57	D－229	一括遺物		縄文土器片多数、磨製石斧一部、石	
D－b－58	D－109	県内各地出土縄文式土器	各地（上江木・千網皆戸・上久保・その他）	土器片多数	
D－b－59	D－190	県内各地出土石器	各地出土		
D－b－60	D－191	出土地不詳縄文土器	現状不明	縄文土器片多数	
D－b－61	D－238	縄文資料一括		相沢氏採集資料	
D－b－62	D－111	本多夏彦採集資料	群馬県各地出土		
D－b－63	D－175	出土地不詳石器	県内各地出土	石器	
D－b－64	D－154	各地出土縄文土器、石器	県内各地	縄文土器片多数、石器片数片	
D－c－1	D－130	有笠山洞窟一括	吾妻郡中之条町上沢渡有笠山	骨片多数、炭化物、石器2	
D－c－2	D－131	同　上	同　上	骨片多数、石器破片ポリ2	
D－c－3	D－132	同　上	同　上	骨片多数	
D－c－4	D－120	荒口前原遺跡一括	前橋市荒口町	弥生土器、壺片、甕片等22	
D－c－5	D－92	井野天神遺跡一括	高崎市井野町天神	木片5及びポリ袋1袋	
D－c－6	D－93	同　上	同　上	木片多数	
D－c－7	D－94	同　上	同　上	木片多数	
D－c－8	D－95	同　上	同　上	木片多数	

D-c-9	D-112	井野天神遺跡一括	高崎市井野町天神	弥生土器片多数、土師器片多数、石器片少数、須恵器片	
D-c-10	D-40	安中バイパス遺跡一括	安中市安中字上尻	弥生土器片27	
D-c-11	D-210	大胡金丸遺跡一括	勢多郡大胡町金丸	弥生土器片多数、石器片、石剣片	
D-c-12	D-228	競馬場遺跡一括	高崎市上中居町	弥生土器片多数	
D-c-13	D-231	同上	同上	弥生土器片多数	
D-c-14	D-177	巾遺跡一括	高崎市並榎町巾	弥生土器片多数、須恵器片	昭.26.12調査
D-c-15	D-209	とっくり穴遺跡一括	吾妻郡嬬恋村干俣字熊四郎山国有林80林班7小班	獣骨片（弥生）	昭.41.8調査
D-c-16	D-39	桜ケ丘遺跡一括	前橋市総社町植野	弥生土器片5、骨片多数、埴輪片少数、石斧1、サンプル	昭.43.6調査
D-c-17	D-35	乗附弥生Ⅲ号住居跡一括	高崎市乗附町字御部入	弥生土器片多数、高坏坏部1、脚部1	昭.43.1調査
D-c-18	D-166	御部入3号墳一括	同上	弥生土器片多数	
D-c-19	D-211	御部入弥生Ⅱ号住居一括	同上	弥生土器片	
D-c-23	D-187	弥生式土器	出土地不詳	弥生土器破片多数	
D-d-1	D-227	朝倉Ⅲ号墳一括	前橋市朝倉町1399	骨	昭.37.12調査
D-d-2	D-192	有瀬Ⅱ号墳一括	北群馬郡子持村白井字有瀬1273		昭.32.1調査
D-d-3	D-53	東町古墳一括	渋川市東町2001の1	サンプル、埴輪片、鉄片、歯	昭.40.7調査
D-d-4	D-111	伊勢崎市三郷91号墳一括	伊勢崎市波志江町	埴輪片10	綜覧三郷村91号
D-d-5	D-162	亀山古墳一括	太田市鳥山	埴輪片多数、土師器片若干	
D-d-6	D-139	河原Ⅰ号墳一括	高崎市山名町字南	骨片多数、骨2本	昭.42.3調査
D-d-7	D-155	小林Ⅰ号墳一括	藤岡市小林字塚原	埴輪片多数	昭.29.11調査
D-d-8	D-34	坂下町古墳一括	渋川市坂下町	鉄片、土師器片、骨片、サンプル、石	昭.37調査
D-d-9	D-27	渋川バイパス坂下古墳一括	渋川市坂下町	須恵器片多数、土師器片若干	昭.42.7調査
D-d-10	D-201	シドメ塚一括	群馬郡榛名町本郷字道場前	サンプル、土師器片、須恵器片	昭.36調査 綜覧久留馬村14号
D-d-11	D-184		伊勢崎市下諏訪町	埴輪	
D-d-12	D-209	正円寺古墳一括	前橋市堀之下町二子塚381、380の1	大刀残片、鏃、骨	昭.32.12調査 綜覧桂萱村66号

整理番号	旧番号	遺物名	出土地	内　訳	備　考
D－d－13	D－42	芝根7号墳一括	佐波郡玉村町	人骨、歯、サンプル、石	昭.43.3調査
D－d－14	D－149	芝根15号墳一括	佐波郡玉村町川井	埴輪片多数、須恵器片1	昭.44.1調査
D－d－15	D－168	芝根7号墳一括	佐波郡玉村町	埴輪片多数	昭.43.3調査
D－d－16	D－169	玉村37号墳一括	佐波郡玉村町	土師器片多数、須恵器片数片	昭.41.8調査
D－d－17	D－128	四戸1号～3号墳一括	吾妻郡吾妻町三島字四戸	埴輪片多数	昭.39.7調査
D－d－18	D－156	四戸古墳群一括	同　　上	サンプル	
D－d－19	D－160	四戸Ⅳ号墳一括	同　　上	埴輪片多数	昭.42.4調査
D－d－20	D－152	多胡古墳一括	多野郡吉井町	サンプル	
D－d－21	D－153	同　　上	同　　上	埴輪片、須恵器片、土師器片多数、縄文土器片	
D－d－22	D－28	浅間山古墳一括	佐波郡赤堀町五目牛字甲中通335	須恵器片多数	昭.29.3調査 綜覧赤堀村37号
D－d－23	D－45	田向井Ⅰ・Ⅱ号墳一括	佐波郡赤堀町今井字向井	円筒埴輪片、形象埴輪片、縄文土器片、弥生土器片、土師器片、須恵器片	昭.38.7月調査
D－d－24	D－41	多田山古墳一括	佐波郡赤堀町今井字田向543の1	人骨(頭骸骨、上顎骨、骨盤、その他)	昭.27.3調査 綜覧赤堀村314号
D－d－25	D－43	洞山古墳一括	佐波郡赤堀町五目牛字北通	形象埴輪片多数	昭.25.8調査 綜覧赤堀村55号
D－d－26	D－147	千江田稲荷塚一括	邑楽郡明和村斗合田字稲荷塚	埴輪片多数	昭.29.7調査 綜覧千江田村1号
D－d－27	D－51	高塚古墳一括	北群馬郡榛東村新井字高塚2974	形象埴輪片、縄文土器片	昭.34.3調査 綜覧桃井村56号
D－d－28	D－52	壇塚古墳一括	勢多郡粕川村月田字富士見218	須恵器(長頸壺、薬壺、その他)片多数	昭.25.3調査 綜覧粕川村36号
D－d－29	D－150	成塚古墳一括	太田市成塚字下新田	埴輪片多数	
D－d－30	D－157	成塚古墳一括	同　　上	埴輪片多数	
D－d－31	D－212	乗附古墳群一括	高崎市乗附町御部入	須恵器	
D－d－32	D－213	同　　上	同　　上	須恵器片	
D－d－33	D－164	乗附1号・2号一括	同　　上	須恵器片多数、土師器片、弥生土器片数片	昭.42.12調査
D－d－34	D－235	乗附1号一括	同　　上		昭.42.12調査
		乗附9号一括	同　　上	埴輪片須恵器片各多数、土師器片数片(柑半欠を含む)	昭.43.2調査
		乗附10号一括	同　　上		昭.43.2調査
		乗附11号一括	同　　上		昭.43.2調査
整理番号	旧番号	遺物名	出土地	内　訳	備　考

D－d－35	D－167	乗附3号一括	高崎市乗附町御部入	須恵器片多数、埴輪片多数、弥生土器片1	昭.43.1調査
D－d－36	D－236	乗附9号一括	同　上	埴輪片、須恵器片、土師器片各多数	昭.43.2調査
		乗附10号一括	同　上	同　　上	同　　上
		乗附11号一括	同　上	同　　上	同　　上
D－d－37	D－163	乗附9号一括	同　上	鉄鏃2、骨ポリ袋3ケ、須恵器片数個	同　　上
D－d－38	D－165	乗附18号一括	同　上	埴輪片多数、須恵器片多数、土師器片数片	昭.43.3調査
D－d－39	D－220	同　　上	同　上	骨、鉄製品	同　　上
D－d－40	D－242	新里天神山古墳一括	勢多郡新里村新川	鉄鏃片2、刀子片1、釘2、埴輪片15、土師器片7、縄文土器片2、須恵器提瓶片1、須恵器甕7、その他破片16	昭.33.3調査　綜覧新里村1号
D－d－41	D－186	西太田古墳一括	伊勢崎市（三郷村太田）	須恵器片、土師器片	
D－d－42	D－54	萩塚古墳一括	佐波郡玉村町後箇字萩塚	サンプル	昭45.1調査　綜覧芝根村10号
D－d－43	D－55	同　　上	同　上	円筒埴輪片、土師器片（小型甕）石田川式土器片	
D－d－44	D－56	同　　上	同　上	サンプル	
D－d－45	D－170	同　　上	同　上	須恵器片多数	
D－d－46	D－222	宝泉茶臼山古墳一括	新田郡宝泉村別所（現太田市）	埴輪片	昭.37.3調査　綜覧宝泉村5号
D－d－47	D－223	同　　上	同　上	埴輪片	
D－d－48	D－46	普賢寺東古墳一括	高崎市綿貫町字堀込田	挂甲草摺	昭.29.7調査
D－d－49	D－47	同　　上	同　上	挂甲腰札	
D－d－50	D－48	同　　上	同　上	挂甲頸甲	
D－d－51	D－59	藤岡塚原古墳群一括	藤岡市小林	円筒埴輪片、形象埴輪片、土師器片、須恵器片各多数	
D－d－52	D－44	美久里、神田古墳一括	藤岡市神田	土師器（甕・坏）破片、形象埴輪片、円筒埴輪片各多数	
D－d－53	D－135	塚原古墳群一括	藤岡市小林	埴輪片、須恵器片各多数、小型甕底部1	
D－d－54	D－199	若宮A号墳一括	高崎市八幡原町若宮2028・2029	円筒埴輪片、須恵器片	昭.41.3調査
D－d－55	D－180		藤岡市	骨、馬具	
D－d－56	D－62		甘楽郡甘楽町新屋	形象埴輪（人物顔・腕）、円筒埴輪片、瓦器	
D－d－57	D－183		現状不明	埴輪片	
D－d－58	D－50	千江田稲荷塚古墳	邑楽郡明和村斗合田字稲荷塚	古墳石材	
		喜蔵塚古墳	藤岡市白石		
		南下B号古墳	北群馬郡吉岡村南下		

整理番号	旧番号	遺物名	出土地	内　訳	備　考
		皇塚古墳	多野郡平井村三木		
D－d－59	D－49		現状不明	埴輪	
D－d－60	D－134	美久里西小古墳	藤岡市神田字塚間	須恵器片、埴輪片各多数	昭.28.1調査 綜覧記載漏
D－e－1	D－77	足軽遺跡一括	勢多郡大胡町足軽	土師器坏4、同破片若干、同甕形土器片若干、須恵器坏7、同高台付坏2、同蓋3、同破片若干	
D－e－2	D－193	足軽Ⅲ遺跡一括	同　　上	土師器片、須恵器片	
D－e－3	D－67	入野遺跡一括	多野郡吉井町石神	炭化物、焼土、植物種子、鉄鏃、鞴口	昭.33.8調査
D－e－4	D－110	同　　上	同　　上	石10	
D－e－5	D－214	同　　上	同　　上	土師器片	
D－e－6	D－232	井野川遺跡一括	高崎市浜尻町	石製模造品剣4、同刀子1、土師器片多数	昭44調査
D－e－7	D－224		伊勢崎市本関町	土師器片	
D－e－8	D－225		同　　上	土師器片	
D－e－9	D－65	牛沢遺跡一括	太田市牛沢	石田川式土器、壺、脚付甕、その他破片、土師器片、瓦器破片	
D－e－10	D－207		河原	土師器片	
D－e－11	D－70	熊倉遺跡2号一括	吾妻郡六合村入山字松岩	土師器片多数、須恵器片多数、サンプル、炭化物	
D－e－12	D－73	熊倉遺3号一括	同　　上	土師器片多数、サンプル	
D－e－13	D－69	同　　上	同　　上	土師器片、須恵器片、サンプル、炭化物	
D－e－14	D－72	熊倉遺跡4号一括	同　　上	土師器片、須恵器片、焼土、サンプル、炭化物	
D－e－15	D－71	熊倉遺跡5号一括	同　　上	土師器片、須恵器片、焼土、サンプル	
D－e－16	D－68	熊倉遺跡一括	同　　上	土師器片多数、須恵器片多数、鉄片、炭化物、サンプル	
D－e－17	D－91	同　　上	同　　上	土師器片、須恵器片、サンプル	
D－e－18	D－219	競馬場遺跡一括	高崎市上中居町	土師器片	昭.44調査
D－e－19	D－25	土師器片	勢多郡城南村下大室(現前橋市)	破片多数	
D－e－20	D－63	鶴辺遺跡一括	高崎市寺尾町鶴辺	土師器破片多数	
D－e－21	D－74	伝右衛門遺跡一括	館林市近藤字伝右衛門2899	炭化物、サンプル	昭.37.8調査
D－e－22	D－137	伝右衛門遺跡(Ⅱ号)一括	同　　上	土師器片多数、石器2	
D－e－23	D－174		前橋市鳥取町	土師器破片1個体分、須恵器片	
D－e－24	D－233		不明	土師器片多数、須恵器片1	

D-e-25	D-240		不明	縄文土器、土師器、埴輪	
D-e-26	D-159		不明	土師器片	
D-g-1	D-99		佐波郡赤堀町間野谷2の456	瓦6、軒丸瓦片1	
D-g-2	D-215	宇通廃寺D群一括遺物	勢多郡粕川村赤城山字大猿	鉄片多数	昭.41.6、42.8、42.10調査
D-g-3	D-216	同上	同上	瓦	同上
D-g-4	D-217	同上	同上	瓦サンプル	同上 (未整理)
D-g-5	D-218	同上	同上		
D-g-6	D-57	片並木遺跡一括遺物	勢多郡宮城村苗ヶ島字片並木1792	鉄滓3、木炭、焼土、窯壁断片、土師器坏、須恵器坏、その他(土師器、須恵器片)	
D-g-7	D-143		利根郡片品村花咲字僧ノ沢	鞴口半分、鉄滓3	
D-g-8	D-125	苅稲窯跡一括遺物	安中市東上秋間3051〜2	瓦片、窯壁サンプル	昭.40.8調査
D-g-9	D-100		新田郡笠懸村鹿川	瓦片6、土器底部1、盤底部1、甕口縁1、糸切底塊1、窯壁塊	
D-g-10	D-97	皆沢瀬戸場一括遺物	勢多郡富士見村皆沢	陶器片、窯道具片64	
D-g-11	D-127	倉渕中学校遺跡一括遺物	群馬郡倉渕村	須恵塊1、須恵器片、土師器片多数、炭化物	
D-g-12	D-58		勢多郡富士見村米野	須恵器大甕片多数、須恵器蓋片、近世摺鉢片	
D-g-13	D-102	山王廃寺遺跡一括遺物	前橋市総社町山王	瓦片、軒丸瓦、軒平瓦（重弧文）	昭.36.6調査
D-g-14	D-136	下野国分寺出土遺物		瓦片9	
D-g-15	D-64	白井城北曲輪遺跡一括遺物	北群馬郡子持村白井字北廊655	瓦器7、瓦器片、銅銭1、銅銭破片	昭.35.3調査
D-g-16	D-202	下触廃寺遺跡一括遺物	佐波郡赤堀村下角	瓦破片	
D-g-17	D-107	歴史時代土器	前橋市総社町	須恵器塊2、須恵器高台附塊1、蓋2、合子1、土師器塊片1	
D-g-18	D-90	同上	同上	土師器塊、坏1、甕形上器多数、瓦器高台付塊片多数、弘仁磁器片、灯明皿片多数、石片	
D-g-19	D-104	高崎付近歴史時代遺物	高崎市	軒丸瓦片1、平瓦平、須恵器甕1、破片1、蓋1、磁器1、土師器片	
D-g-20	D-29	鶴辺遺跡一括遺物	高崎市石原町	須恵器（灰釉付塊）、弘仁磁器、塊（高台付）塊4、皿1、土師器塊1	昭.36.9調査
D-g-21	D-75	天良七堂遺跡一括遺物	太田市寺井天良	焼米多数、土師器破片、須恵器破片、瓦破片	
D-g-22	D-119	でいせい寺跡出土遺物	高崎市山名町	布目瓦（平瓦片）4	

整理番号	旧番号	遺物名	出土地	内訳	備考
D－g－23	D－98	乗附廃寺出土遺物	高崎市乗附町	瓦片11、軒丸2、塊1、糸切底塊1	
D－g－24	D－89	桧峯遺跡一括遺物	前橋市	瓦塔破片17	
D－g－25	D－78	富士見村横室遺跡一括遺物（墳墓）	勢多郡富士見村横室863	白磁（皿）2、人骨若干、サンプル3	昭.35.3調査
D－g－26	D－206	水沼遺跡墓出土遺物	群馬郡倉渕村水沼	骨	
D－g－27	D－116	水沢廃寺跡一括遺物	北群馬郡伊香保町水沢杉林・森田家	布目瓦片（平丸）18	
D－g－28	D－81	堀久保遺跡一括遺物	勢多郡宮城村柏倉字堀久保	土師器片多数、須恵器片多数、瓦器破片多数、弘仁磁器片、瓦片多数	昭.27.10調査
D－g－29	D－31	元総社小学校校庭遺跡一括遺物	前橋市総社町	須恵器片若干、土師器片多数、鉄塊1	
D－g－30	D－32	同　　上	同　　上	鉄塊5、土師器塊2、土師器片多数、須恵器片多数、サンプル1	
D－g－31	D－117	同　　上	同　　上	弘仁磁器片2	
D－g－32	D－118	愛知県常滑市中世窯跡遺物	愛知県常滑市	大甕片（高坂窯）3片、火葬場裏山窯1片	
D－g－33	D－105	県内各地出土歴史時代土器	北群馬郡子持村中郷田、坂上	弘仁磁器塊1	
			久留馬郷村富岡、京塚	高台付塊（片）1	
			太田市脇屋	瓦器、高台付塊片1	
			太田市天良	須恵器片1	
			利根郡月夜野町	合子、身の破片1	
			前橋市総社町山王北原分	須恵器小型壺1（底部糸切）	
		渋川Ⅱ号出土遺物	高崎市下滝町26	天目茶塊3	昭.41.1調査
		荒砥東小学校校庭遺跡一括遺物	前橋市東大室町	光仁磁器、高台付塊片1	昭.27.8調査
		上野国分寺隣接地出土遺物		光仁磁器片	
				瓦器、高台付塊型土器1、墨書銘「蔵」	
			勢多郡赤城村	菊皿（高台付皿）1	
D－g－34	D－106	各地出土歴史時代土器		歴史時代土器	
			伊勢崎市宮古町	瓦器塊1	

整理番号	旧番号	遺物名	出土地	内訳	備考
			前橋市元総社町斉木	瓦器埦1、朱で「寅」1	
				須恵器埦4	
			高崎市江木町一貫堀	墨書銘「泉」、瓦器高台付埦1	
			前橋市荒子カワカゴガイド	瓦器高台付埦型土器1	
			新田郡強戸村上強戸(現太田市)	須恵器高台付盤片1	
D-g-35	D-879		高崎市貝沢町	弘仁磁器片10	
D-g-36	D-79	瀬戸市赤谷窯跡出土遺物	愛知県瀬戸市	高台付埦片8、高台付皿1、高台付皿片3	
D-g-37	D-80	瀬戸市各地出土古瀬戸	愛知県瀬戸市	古瀬戸片29、長谷嶺、萱刈等出土	
D-g-38	D-83	八重巻窯跡一括遺物	安中市下秋間字八重巻	埦形土器多数	
D-g-39	D-84	同上	同上	蔣壺、その他	
D-g-40	D-85	同上	同上	埦形土器片多数、完形品2	
D-g-41	D-86	同上	同上	蓋片	
D-g-42	D-87	同上	同上	壺、鉢片	
D-g-43	D-101	同上	同上	瓦片8、土器片13、石斧4	
D-g-44	D-88	中尊寺池跡一括遺物	宮城県(平泉)	皿4、灯明皿4	
D-g-45	D-30	朝鮮瓦		朝鮮瓦片15	
D-g-46	D-103	瓦笵	太田市脇屋字地獄谷	鬼板、蓮弁、巴	
D-g-47	D-82	歴史時代土器	群馬県内	埦形土器(糸切底)3、高台付形土器8、灯明皿1	
D-g-48	D-99		佐波郡赤堀町間野谷	木片	

E資料箱収納資料リスト

整理番号	旧番号	遺物名	出土地	内訳	備考
E-d-1		田中一三氏邸内古墳遺物	高崎市八幡原町若宮	鉄鏡、六鈴鏡	
E-d-2		下佐野古墳群Ⅳ号出土遺物	高崎市下佐野町稲荷塚1045	篦被片刃矢鉄鏃、尖部1	綜覧佐野村43号
		下佐野古墳群ⅩⅨ号一括遺物	高崎市下佐野町川籠石1203	篦被鏃断片9、須恵器破片4、埴輪破片1	綜覧佐野村48号
E-d-3		洞山西北古墳一括遺物	佐波郡赤堀町五目牛北通り112	直刀1振(破砕、鞘付着)、刀子1、水晶製切子玉2、瑪瑙製棗玉1、琥白製棗玉断片若干	綜覧記載漏
E-d-4		金井古墳一括遺物	渋川市金井字上ノ坪2051	飛燕型鉄鏃5、同断片2、鉄鏃断片4、釘63、刀子片5(内1銀製鯉口金具付)	昭.31.8調査 綜覧記載漏

整理番号	旧番号	遺物名	出土地	内訳	備考
E－d－5		馬庭御伊勢山古墳一括遺物	多野郡吉井町馬庭池神谷戸293	鉄製鍔断片2、鉄鏃片10、鉄製環断片2、鉄断片6、鉄製耳環2、鉄地金銅耳環4、金銅製玉1、鉄地金銅馬具断片1	昭.27.11調査 綜覧入野4号
E－d－6		街道橋古墳一括遺物	新田郡藪塚本町藪塚西部2815	直刀断片8、直刀鯉口金具断片1、鉄鏃20、不明鉄片8、鉄地金銅耳環3、骨粉1袋、骨粉と赤色顔料付着石1袋	昭.26.7 綜覧藪塚本町83号
E－g－1		洞山西北古墳出土遺物	佐波郡赤堀町五目牛北通り112	菊皿	
		大胡町川原浜出土遺物	勢多郡大胡町川原浜	菊皿破片	
		新里村新川出土遺物	勢多郡新里村新川字久保井谷	菊皿破片	
		粕川村月田出土遺物	勢多郡粕川村月田	菊皿破片	
			現状不明	高台白磁	
			現状不明	菊皿破片	

F 資料箱収納資料リスト

整理番号	旧番号	遺物名	出土地	内訳	備考
F－d－1		鶴山古墳出土遺物	太田市鳥山字八幡林2140	金銅製三輪玉6	昭.23.12 綜覧鳥之郷村3号
F－d－2		同　　上	同　　上	鉄鏃1塊	
F－d－3		同　　上	同　　上	鉄鏃5	
F－d－4		同　　上	同　　上	使用目的不明鉄器24	
F－d－5		同　　上	同　　上	使用目的不明鉄器2	
F－d－6		同　　上	同　　上	鉇断片15	
F－d－7		同　　上	同　　上	鉇3	
F－d－8		同　　上	同　　上	鉄斧5	
F－d－9		同　　上	同　　上	鉄鎌2、鉇1	
F－d－10		同　　上	同　　上	鉄鎌3、石製模造品鎌2	
F－d－11		同　　上	同　　上	石製模造品刀子21 石製模造品斧1 石製模造品手斧1 石製模造品鎌1	
F－d－12		同　　上	同　　上	鉄製楯附属金具3	
F－d－13		同　　上	同　　上	楯装具有孔日月貝	
F－d－14		同　　上	同　　上	楯装具有孔日月貝	
F－d－15		同　　上	同　　上	楯装具有孔日月貝	
F－d－16		同　　上	同　　上	楯装具有孔日月貝	
F－d－17		同　　上	同　　上	楯装具有孔日月貝	
F－d－18		同　　上	同　　上	楯装具有孔日月貝	
F－d－19		同　　上	同　　上	漆膜	

整理番号	旧番号	遺物名	出土地	内訳	備考
F－d－20	F-d-12	貝沢古墳出土遺物	高崎市貝沢町	金銅製頭椎大刀柄頭片面1、金銅製刀装金具2、布片若干	
F－d－21	F-d-13			平根無柄鏃	
F－d－22	F-d-14			鉄地、金銅製雲珠、金銅製留金具	

G資料箱収納資料リスト

整理番号	旧番号	遺物名	出土地	内訳	備考
G－d－1		川内天王塚古墳出土遺物	桐生市川内町	金銅製円頭大刀1	
G－d－2		芝根16号古墳出土遺物	佐波郡玉村町川井	直刀3振	
G－d－3		鶴山古墳出土遺物	太田市鳥山字八幡林2140	鉄製剣4口	

個体資料bリスト

整理番号	旧番号	遺物名	遺跡名	出土地	備考
b－1	縄－45	縄文土器（深鉢）	新羽遺跡	多野郡上野村新羽字今井平	
b－2	縄－28	縄文土器	同上	同上	
b－3	縄－27	縄文土器（深鉢）	同上	同上	
b－4	縄－25	同上（〃）	中善地遺跡	群馬郡箕郷町善地字中善地843－2	
b－5	縄－24	同上（〃）	同上	同上	
b－6	縄－23	同上（〃）	同上	同上	
b－7	縄－22	同上（〃）	同上	同上	
b－8	縄－18	同上（〃）	同上	同上	
b－9	縄－17	同上（〃）	同上	同上	
b－10	縄－16	同上（〃）	同上	同上	
b－11	縄－12	同上（〃）	同上	同上	
b－12	縄－5	同上（〃）	同上	同上	
b－13	縄－4	同上（〃）	同上	同上	
b－14	縄－3	同上（〃）	同上	同上	
b－15	縄－1	同上（〃）	同上	同上	
b－16	縄－31	同上（〃）	同上	同上	
b－17	縄－19	同上（〃）	箕郷城山遺跡	群馬郡箕郷町東明屋556・西明屋丙810	
b－18	縄－13	同上（〃）	同上	同上	
b－19	縄－11	同上（〃）	同上	同上	
b－20	縄－10	同上（壺）	同上	同上	
b－21	縄－6	同上（深鉢）	同上	同上	
b－22	縄－2	同上（〃）	同上	同上	
b－23	縄－64	同上（〃）	同上	同上	
b－24	縄－59	同上（〃）	同上	同上	
b－25	縄－46	同上（〃）	同上	同上	
b－26	縄－41	同上（〃）	同上	同上	
b－27	縄－41	同上（〃）	同上	同上	
b－28	縄－40	同上（〃）	同上	同上	

整理番号	旧番号	遺物名	遺跡名	出土地	備考
b－29	縄－39	縄文土器（深鉢）	箕郷城山遺跡	群馬郡箕郷町東明屋556・西明屋丙810	
b－30	縄－37	同　上（〃）	同　　上	同　　上	
b－31	縄－35	同　上（〃）		勢多郡富士見村時沢甚大夫	
b－32	縄－33	同　上（〃）		前橋市嶺町三反畑	
b－33	縄－26	同　上（〃）	市之関遺跡	勢多郡宮城村市之関字関口	
b－21	縄－34	同　上（〃）	同　　上	同　　上	
b－35	縄－44	同　上（〃）	同　　上	同　　上	
b－36	縄－14	同　上（〃）	小室遺跡	勢多郡北橘村小室	
b－37	縄－15	同　上（〃）	同　　上	同　　上	
b－38	縄－57	同　上（〃）	同　　上	同　　上	口縁一部、底欠、胴下半欠
b－39	縄－50	同　上（〃）	小室Ⅱ号住居跡	同　　上	胴底欠、口縁半欠
b－40	縄－47	同　上（〃）		前橋市江木町	
b－41	縄－63	同　上（〃）	室沢大林遺跡	勢多郡粕川村室沢字大林27	口縁、胴部一部
b－42	縄－61	同　上（〃）	同　　上	同　　上	胴半欠、口縁、底欠
b－43	縄－60	同　上（〃）	同　　上	同　　上	炉内埋設土器、口縁欠、胴下半底欠
b－44	縄－20	同　上（〃）	高平遺跡	利根郡白沢村高平	
b－45	縄－7	同　上（〃）	生枝遺跡		
b－46	縄－30	同　上（〃）	林遺跡	吾妻郡長野原町林	
b－47	縄－34	同　上（壺）		群馬郡室田町	
b－48	縄－8	同　上（深鉢）	入野遺跡		
b－49	縄－32	同　上（〃）	阿佐見遺跡	新田郡笠懸町阿佐見駅構内	
b－50	b－29	同　上（〃）		前橋市鳥取町	
b－51	縄－9	同　上（〃）		前橋市勝沢町	
b－52	縄－38	同　上（〃）		藤岡市芦田町	
b－53	縄－58	同　上（〃）	八坂遺跡	伊勢崎市波志江町新堀下4715	口縁欠、胴半欠
b－54	縄－56	同　上（〃）	同　　上	同　　上	胴部
b－55	縄－54	同　上（〃）	同　　上	同　　上	胴、口縁半欠
b－56	縄－53	同　上（〃）	同　　上	同　　上	口縁欠、胴一部欠
b－57	縄－52	同　上（〃）	同　　上	同　　上	突出平底
b－58	縄－51	同　上（〃）	同　　上	同　　上	底欠
b－59	縄－36	同　上（壺）		北海道釧路市	
b－60	縄－62	同　上（深鉢）		前橋市亀泉町	口縁欠、底欠、胴半欠
b－61	縄－55	同　上（甕）	八坂遺跡	伊勢崎市波志江町新堀下4715	口縁、胴半欠、底欠
b－62	縄－49	同　上（深鉢）	同　　上	同　　上	上半欠
b－63	縄－48	同　上（〃）			
b－64	縄－43	同　上（〃）			
b－65	石－1	石器石棒			
b－66	石－2	石製品石棒			
b－67	石－3	石製品石棒			
b－68	石－4	石製品石棒			

整理番号	旧番号	遺 物 名	遺 跡 名	出 土 地	備 考
b－69	石－5	石製品石皿及び球石	福田善三氏寄贈		
b－70	石－6	石製品石皿及び球石		前橋市嶺町	小暮邦雄氏寄贈
b－71	石－7	石製品石皿			
b－72	石－8	石製品脚付石皿			破片
b－73	石－9	石製品石棒		群馬郡倉渕村中尾	破片
b－74	石－10	石製品石皿			破片
b－75	石－11	石製品石皿			裏面、蜂巣石
b－76	石－12	石製品蜂巣石			
b－77	石－13	石製品蜂巣石			
b－78	石－14	石製品石皿			破片
b－79	石－15	石製品変形石台			
b－80	石－16	石製品石皿		（日向桜塚出土）	
b－81	石－17	石製品石棒			破片
b－82	石－18	石皿		新田郡笠懸町阿佐見駅構内	
b－83	石－19	石皿			破片
b－84	石－20	石皿			破片
b－85	石－21	石皿			破片
b－86	石－22	石皿			破片
b－87	石－23	石皿			破片
b－88	石－24	石製品蜂巣石			

個体資料cリスト

整理番号	旧番号	遺 物 名	遺 跡 名	出 土 地	備 考
c－1	弥－41	弥生土器（小型甕）	剣崎遺跡	高崎市剣崎町西長瀞	
c－2	弥－48	同 上（甕上半）	同 上	同 上	
c－3	弥－49	同 上（〃）	同 上	同 上	
c－4	弥－50	同 上（甕）	同 上	同 上	
c－5	弥－51	同 上（〃）	同 上	同 上	
c－6	弥－52	同 上（〃）	同 上	同 上	
c－7	弥－36	同 上（小型甕）	同 上	同 上	
c－8	弥－31	同 上（〃）	同 上	同 上	
c－9	弥－38	同 上（脚付甕）	同 上	同 上	
c－10	弥－37	同 上（〃）	同 上	同 上	
c－11	弥－39	同 上（〃）	同 上	同 上	
c－12	弥－40	同 上（〃）	同 上	同 上	
c－13	弥－42	同 上（装飾塗彩甕）	同 上	同 上	

整理番号	旧番号	遺 物 名	遺 跡 名	出 土 地	備 考
c－14	弥－44	弥生土器 （脚付甕脚欠）	剣崎遺跡	高崎市剣崎町西長瀞	
c－15	弥－35	同　上 （脚付甕）	同　上	同　上	
c－16	弥－34	同　上 （〃）	同　上	同　上	
c－17	弥－32	同　上 （小型脚付甕）	同　上	同　上	
c－18	弥－60	同　上 （甕上半）	同　上	同　上	
c－19	弥－61	同　上 （〃）	同　上	同　上	
c－20	弥－62	同　上 （甕上半半欠）	同　上	同　上	
c－21	弥－63	同　上（甕）	同　上	同　上	
c－22	弥－30	同　上（〃）	同　上	同　上	
c－23	弥－45	同　上（壺上半）	同　上	同　上	
c－24	弥－46	同　上（〃）	同　上	同　上	
c－25	弥－47	同　上（壺）	同　上	同　上	底部のみ
c－26	弥－53	同　上（〃）	同　上	同　上	
c－27	弥－54	同　上（〃）	同　上	同　上	
c－28	弥－55	同　上（〃）	同　上	同　上	
c－29	弥－56	同　上（〃）	同　上	同　上	上半欠
c－30	弥－57	同　上（〃）	同　上	同　上	
c－31	弥－58	同　上（〃）	同　上	同　上	上半
c－32	弥－59	同　上（〃）	同　上	同　上	上半
c－33	弥－33	同　上（小型壺）	同　上	同　上	
c－34	弥－28	同　上（高坏）	同　上	同　上	
c－35	弥－27	同　上（〃）	同　上	同　上	
c－36	弥－26	同　上（〃）	同　上	同　上	
c－37	弥－25	同　上（〃）	同　上	同　上	
c－38	弥－24	同　上（〃）	同　上	同　上	
c－39	弥－23	同　上（〃）	同　上	同　上	
c－40	弥－43	同　上（塊）	同　上	同　上	
c－41	弥－29	同　上（基台）	同　上	同　上	半欠
c－42	弥－66	同　上（脚付甕）	巾遺跡	高崎市並榎町巾	
c－43	弥－64	同　上 （小型脚付甕）	同　上	同　上	
c－44	弥－69	同　上（壺）	同　上	同　上	
c－45	弥－70	同　上（高坏）	同　上	同　上	脚部
c－46	弥－65	同　上（片口）	同　上	同　上	
c－47	弥－67	同　上（塊）	同　上	同　上	
c－48	弥－68	同　上 （手爐形土器）	同　上	同　上	
c－49	弥－71	滑石製磨製有孔片刃 石斧	同　上	同　上	
整理番号	旧番号				

c －50	弥－71	紡錘車（土製）	巾遺跡	高崎市並榎町巾	
c －86	弥－18	弥生土器（深鉢）	有笠山遺跡	吾妻郡中之条町沢渡有笠山	
c －87	弥－17	同　　上（〃）	同　　上	同　　上	
c －88	弥－16	同　　上（〃）	同　　上	同　　上	
c －89	弥－15	同　　上（〃）	同　　上	同　　上	
c －90	弥－14	同　　上（塊）	同　　上	同　　上	
c －91	弥－22	磨石	同　　上	同　　上	
c －92	弥－21	石斧	同　　上	同　　上	
c －93	弥－20	磨製石斧	同　　上	同　　上	
c －94	弥－19	磨製石斧	同　　上	同　　上	
c －95	弥－10	弥生土器	荒口前原遺跡	前橋市荒口町	
c －96	弥－9	同　　上（壺）	同　　上	同　　上	
c －97	弥－8	同　　上（〃）	同　　上	同　　上	
c －98	弥－7	同　　上（〃）	同　　上	同　　上	
c －99	弥－6	同　　上（〃）	同　　上	同　　上	
c －100	弥－5	同　　上（〃）	同　　上	同　　上	
c －101	弥－1	同　　上（〃）	同　　上	同　　上	
c －102	弥－2	同　　上（〃）	同　　上	同　　上	
c －103	弥－3	同　　上（〃）	同　　上	同　　上	
c －104	弥－4	同　　上（〃）	同　　上	同　　上	
c －105	弥－107	同　　上 （脚台付甕）	同　　上	同　　上	
c －106	弥－106	同　　上（甕）	同　　上	同　　上	下半分
c －107	弥－105	同　　上（〃）	同　　上	同　　上	底部
c －108	弥－104	同　　上（〃）	同　　上	同　　上	破片
c －109	弥－103	同　　上（〃）	同　　上	同　　上	底部
c －110	弥－11	同　　上（高坏）	同　　上	同　　上	
c －111	弥－12	同　　上（鉢）	同　　上	同　　上	
c －112	弥－13	同　　上	同　　上	同　　上	破片2片（口縁）
c －113	弥－103	同　　上	同　　上	同　　上	破片多数
c －114	弥－84	同　　上 （長胴短頸壺）	同　　上	同　　上	
c －115	弥－82	同　　上 （　〃　）	同　　上	同　　上	
c －116	弥－85	同　　上（甕）	同　　上	同　　上	
c －117	弥－83	同　　上（長胴甕）	同　　上	同　　上	
c －118	弥－113	紡錘車	乗附弥生Ⅲ号遺跡	高崎市乗附町御部入	
c －119	弥－111	弥生土器（小型甕）	同　　上	同　　上	
c －120	弥－112	同　　上（甕）	同　　上	同　　上	上半分のみ
c －121	弥－109	同　　上（壺）	同　　上	同　　上	
c －122	弥－110	同　　上（〃）	同　　上	同　　上	頸部欠損
c －123	弥－97	同　　上（〃）	貝沢遺跡	高崎市貝沢町	
c －124	弥－96	同　　上（丹塗壺）		横浜市港北区新吉田町北川	
c －125	弥－95	同　　上 （小型脚付甕）	八崎遺跡	勢多郡北橘村八崎	
c －126	弥－93	同　　上（小型甕）	山口遺跡	勢多郡富士見村	
c －127	弥－92	同　　上（長胴壺）		安中市磯部	

整理番号	旧番号	遺物名	遺跡名	出土地	備考
c—128	弥—90	弥生土器（壺）			
c—129	弥—118	同　上（〃）			口縁欠
c—130	弥—117	同　上（〃）	高崎競馬場遺跡	高崎市双葉町	口縁部
c—131	弥—116	同　上（〃）	同　上	同　上	口縁一部欠、胴下半欠
c—132	弥—86	同　上（長胴短頸壺）	八木沢清水遺跡	北群馬郡子持村八木沢清水	口縁一部欠、胴下半欠
c—133	弥—94	同　上（片口土器）			
c—134	弥—100	同　上（甕）	とっくり穴洞窟遺跡	吾妻郡嬬恋村干俣字熊四郎山国有林80	
c—135	弥—102	同　上（壺）	朝子塚古墳	太田市牛沢1094	
c—136	弥—101	同　上（小型平底壺）	上並榎遺跡	高崎市上並榎町	口縁欠
c—137	弥—89	同　上（塗彩小型壺）	久留馬村本郷遺跡	群馬郡	
c—138	弥—91	同　上（壺）	鳥羽遺跡	群馬郡東村鳥羽	
c—139	弥—72	同　上（甕）	岩永遺跡	碓氷郡	胴半欠
c—140	弥—87	同　上（長胴壺）	同　上	同　上	
c—141	弥—125	同　上			

個体資料dリスト

整理番号	旧番号	遺物名	遺跡名	出土地	備考
d—1	埴—74	埴輪（弓）	高塚古墳	北群馬郡榛東村高塚	
d—2	埴—21	同　上（挂甲武人）	同　上	同　上	
d—3	埴—9	同　上	同　上	同　上	下部欠
d—4	埴—10	同　上（朝顔形円筒）	同　上	同　上	下半欠
d—5	埴—1	同　上（形象）（円筒部）	同　上	同　上	
d—6	埴—2	同　上（盾）	同　上	同　上	
d—7	埴—8	同　上（坩をのせた器台）	同　上	同　上	
d—8	埴—3	同　上（円筒）	同　上	同　上	
d—9	埴—4	同　上（〃）	同　上	同　上	
d—10	埴—6	同　上（〃）	同　上	同　上	口縁一部欠
d—11	埴—5	同　上（〃）	同　上	同　上	
d—12	埴—7	同　上（朝顔円筒）	同　上	同　上	上部なし
d—13	埴—69	同　上（〃）	東町古墳	渋川市東町2001の4	円筒部のみ
d—14	埴—66	同　上（〃）	同　上	同　上	上部欠
d—15	埴—72	同　上（円筒）	同　上	同　上	

d−16	埴−70	埴輪（円筒）	東町古墳	渋川市東町2001の4	
d−17	埴−68	同　上（〃）	同　　上	同　　上	
d−18	埴−67	同　上（〃）	同　　上	同　　上	
d−19	埴−65	同　上（〃）	同　　上	同　　上	上部一部欠
d−20	埴−64	同　上（〃）	同　　上	同　　上	
d−21	埴−63	同　上（〃）	同　　上	同　　上	上部一部欠
d−22	埴−62	同　上（〃）	同　　上	同　　上	上部一部欠
d−23	埴−61	同　上（〃）	同　　上	同　　上	
d−24	埴−60	同　上（〃）	同　　上	同　　上	上部一部欠
d−25	埴−59	同　上（〃）	同　　上	同　　上	
d−26	埴−58	同　上（〃）	同　　上	同　　上	
d−27	埴−71	同　上 （朝顔円筒）	同　　上	同　　上	円筒部のみ
d−28	埴−25	同　上（家）	不二山古墳	前橋市高田町林357・358・363	屋蓋部欠
d−29	埴−16	同　上（矛）	道明山古墳	邑楽郡	基部
d−30	埴−20	同　上（主物）	オブ塚古墳	前橋市勝沢町西曲輪	基部
d−31	埴−176	同　上 （円筒7、朝顔円筒1）	芝根14号古墳	佐波郡玉村町	円筒上部欠
d−32	埴−14	同　上（円筒）	同　　上	同　　上	上半部欠
d−33	埴−81	同　上（馬）	田向井古墳	佐波郡赤堀町今井字向井	
d−34	埴−80	同　上（〃）	同　　上	同　　上	部分
d−35	埴−79	同　上（〃）	同　　上	同　　上	部分
d−36	埴−78	同　上（〃）	同　　上	同　　上	部分
d−37	埴−77	同　上（馬）	同　　上	同　　上	部分
d−38	埴−83	同　上（人物）	同　　上	同　　上	部分
d−39	埴−82	同　上（〃）	同　　上	同　　上	部分
d−40	埴−76	同　上（基部）	同　　上	同　　上	
d−41	埴−13	同　上（円筒）	滝川2号墳	高崎市下滝町26	上半欠
d−42	埴−12	同　上（〃）	同　　上	同　　上	上半欠
d−43	埴−122	同　上（〃）	南原？	佐波郡赤堀町今井南原	
d−44	埴−123	同　上（〃）	同　　上	同　　上	
d−45	埴−124	同　上（〃）	同　　上	同　　上	
d−46	埴−125	同　上（〃）	同　　上	同　　上	
d−47	埴−121	同　上（〃）	同　　上	同　　上	破片
d−48	埴−134	同　上（〃）	白石所在	藤岡市白石	
d−49	埴−132	同　上（〃）	同　　上	同　　上	上半部欠損
d−50	埴−131	同　上（〃）	同　　上	同　　上	上半部欠損
d−51	埴−133	同　上（〃）	同　　上	同　　上	上半部欠損
d−52	埴−129	同　上（〃）	同　　上	同　　上	上半部欠損
d−53	埴−128	同　上（〃）	同　　上	同　　上	下部のみ
d−54	埴−137	同　上（〃）	同　　上	同　　上	底部のみ
d−55	埴−138	同　上（〃）	同　　上	同　　上	上部欠損
d−56	埴−142	同　上（〃）	同　　上	同　　上	上部欠損
d−57	埴−139	同　上（〃）	同　　上	同　　上	底部
d−58	埴−130	同　上	同　　上	同　　上	基部
d−59	埴−178	同　上（円筒）	御富士山古墳	伊勢崎市安堀町富士附799	破片
d−60	埴−73	同　上（〃）	正円寺古墳	前橋市堀之下町	下半分
d−61	埴−50	同　上（男子像）	成塚古墳	太田市成塚	手のみ

整理番号	旧番号	遺物名	遺跡名	出土地	備考
d－62	埴－45	埴輪（男子像）	北金井		頭部
d－63	埴－41	同　上（馬具）	渕名古墳	佐波郡境町上渕名	鏡板
d－64	埴－42	同　上（〃）	同　上	同　上	雲珠
d－65	埴－40	同　上（大刀）	オブ塚古墳	前橋市勝沢町西曲輪	柄の部分
d－66	埴－87	同　上（男子像）	長山古墳	前橋市朝倉町	頭部
d－67	埴－86	同　上（〃）	同　上	同　上	頭部
d－68	埴－85	同　上（家形）	同　上	同　上	屋根の部分
d－69	埴－84	同　上（鞍）	同　上	同　上	部分
d－70	埴－47	同　上（矛）	同　上	同　上	部分
d－71	埴－48	同　上（〃）	同　上	同　上	部分
d－72	埴－90	同　上（人物）	鏡手塚古墳	勢多郡粕川村月田字富士宮甲213	
d－73	埴－88	同　上（鞍）	同　上	同　上	部分
d－74	埴－89	同　上（〃）	同　上	同　上	
d－75	埴－75	同　上（高坏形）	多胡Ⅱ号古墳	多野郡吉井町	
d－76	埴－177	同　上（円筒）	シドメ塚古墳	群馬郡榛名町本郷字道場前977	
d－77	埴－179	同　上（〃）			上部欠損
d－78	埴－183	同　上（〃）	宝泉茶臼山古墳	太田市宝泉字別所599	半欠
d－79	埴－182	同　上（形象）	同　上	同　上	
d－80	埴－135	同　上（円筒）	蔵王塚古墳	高崎市下佐野町蔵王塚	
d－81	埴－30	同　上（馬）	同　上	同　上	顔面
d－82	埴－24	同　上（飾馬）	石山南古墳	佐波郡赤堀町下触46	
d－83	埴－23	同　上（女子像）	同　上	同　上	
d－84	埴－37	同　上（頭巾をかぶる男子）	同　上	同　上	頭部
d－85	埴－29	同　上（家形）	壇塚古墳	勢多郡粕川村月田字富士見215	屋蓋部欠損
d－86	埴－31	同　上（男子像）	洞山古墳	佐波郡赤堀町五目牛字北通	頭部
d－87	埴－32	同　上（〃）	同　上	同　上	頭部
d－88	埴－17	同　上（人物）	同　上	同　上	頭部、半身欠損
d－89	埴－11	同　上（家形）	同　上	同　上	上半欠
d－90	埴－181	同　上（円筒）	同　上	同　上	
d－91	埴－180	同　上（〃）	同　上	同　上	
d－92	埴－99	同　上（朝顔円筒）	有瀬Ⅰ号古墳	北群馬郡子持村上白井字有瀬	上部欠
d－93	埴－95	同　上（円筒）	同　上	同　上	
d－94	埴－94	同　上（〃）	同　上	同　上	
d－95	埴－97	同　上（〃）	同　上	同　上	
d－96	埴－98	同　上（〃）	同　上	同　上	
d－97	埴－100	同　上（〃）	同　上	同　上	下部欠
d－98	埴－120	同　上（〃）	同　上	同　上	
d－99	埴－119	同　上（〃）	同　上	同　上	
d－100	埴－118	同　上（〃）	同　上	同　上	上部欠損
d－101	埴－96	同　上（〃）	同　上	同　上	
d－102	埴－114	同　上（〃）	同　上	同　上	

d−103	埴−113	埴輪（円筒）	有瀬Ⅰ号古墳	北群馬郡子持村上白井字有瀬	
d−104	埴−102	同　上（〃）	同　上	同　上	
d−105	埴−101	同　上（〃）	同　上	同　上	
d−106	埴−103	同　上（〃）	同　上	同　上	
d−107	埴−104	同　上（〃）	同　上	同　上	
d−108	埴−105	同　上（〃）	同　上	同　上	
d−109	埴−106	同　上（〃）	同　上	同　上	
d−110	埴−107	同　上（〃）	同　上	同　上	
d−111	埴−108	同　上（〃）	同　上	同　上	
d−112	埴−111	同　上（〃）	同　上	同　上	
d−113	埴−113	同　上（〃）	同　上	同　上	下部
d−114	埴−109	同　上（〃）	同　上	同　上	
d−115	埴−115	同　上（〃）	同　上	同　上	破片
d−116	埴−170	同　上（〃）			
d−117	埴−169	同　上（〃）			
d−118	埴−168	同　上（〃）			
d−119	埴−106	同　上（〃）			
d−120	埴−169	同　上（〃）			
d−121	埴−165	同　上（〃）			上半部欠
d−122	埴−164	同　上（〃）			上底部一部欠
d−123	埴−163	同　上（〃）			上半欠
d−124	埴−162	同　上 （朝顔円筒）			上部欠
d−125	埴−161	同　上（円筒）			上部欠
d−126	埴−160	同　上（〃）			上部欠
d−127	埴−159	同　上（〃）			底部
d−128	埴−158	同　上（〃）			上半分欠
d−129	埴−157	同　上（〃）			上半分欠
d−130	埴−156	同　上（〃）			上部欠
d−131	埴−155	同　上（〃）			上半分欠
d−132	埴−154	同　上（〃）			上半分欠
d−133	埴−153	同　上（〃）			底部
d−134	埴−152	同　上（〃）			上半分底一部欠損
d−135	埴−151	同　上（〃）			上半分及び底部の一部欠
d−136	埴−150	同　上（〃）			上部欠
d−137	埴−149	同　上（〃）			上半分欠
d−138	埴−148	同　上（〃）			上部欠
d−139	埴−126	同　上（〃）			下半分
d−140	埴−147	同　上（〃）			上部欠
d−141	埴−146	同　上（〃）			上部欠
d−142	埴−145	同　上（〃）			上部欠
d−143	埴−143	同　上（〃）			上・底欠
d−144	埴−144	同　上（〃）			上半分欠
d−145	埴−141	同　上（〃）			底部
d−146	埴−140	同　上（〃）			上・底部一部欠
d−147	埴−136	同　上（〃）			上部欠
d−148	埴−172	同　上（〃）			上・下半分一部欠

整理番号	旧番号	遺物名	遺跡名	出土地	備考
d—149	埴—174	埴輪（円筒）			上部欠
d—150	埴—173	同　上（〃）			上部欠
d—151	埴—110	同　上（〃）		勢多郡大胡町茂木三ツ屋	
d—152	埴—117	同　上（形象）			一部
d—153	埴—116	同　上（靱（?））			
d—154	埴—171	同　上（円筒）			上・底部一部欠
d—155	埴—127	同　上（〃）			破片
d—156	埴—175	同　上（〃）	編向井		
d—157	埴—33	同　上（男子像）			頭部
d—158	埴—34	同　上（盾）			一部
d—159	埴—93	同　上（鶏）		藤岡市	頭部
d—160	埴—35	同　上（盾基部）			
d—161	埴—36	同　上（男子像）			頭部
d—162	埴—38	同　上（女子像）			顔面
d—163	埴—39	同　上（大刀形）			柄
d—164	埴—43	同　上（男子像）			頭部
d—165	埴—44	同　上（〃）			頭部
d—166	埴—46	同　上（〃）		佐波郡東村下谷	顔面
d—167	埴—49	同　上（盾）			部分
d—168	埴—51	同　上（女子像）			手
d—169	埴—52	同　上（大刀形）			部分
d—170	埴—53	同　上（人物）			部分
d—171	埴—54	同　上（円筒）		太田市東金井十林木	部分
d—172	埴—55	同　上（家）		同　　上	部分
d—173	埴—56	同　上（形象）		佐波郡境町三社	部分
d—174	埴—57	同　上（〃）			部分
d—175	埴—15	同　上（円筒）			部分
d—176	埴—18	同　上 （盛装男子）			頭・基部一部欠
d—177	埴—19	同　上（猟人像）			頭部・左腕欠
d—178	埴—22	同　上（農夫）		邑楽郡大川村	左腕欠
d—179	埴—26	同　上 （盛装女子）			
d—180	埴—27	同　上			基部
d—181	埴—28	同　上			基部
d—182	埴—92	同　上（靱）		邑楽郡永楽村	部分
d—183	埴—91	同　上（鶏）		同　　上	部分
d—184		埴輪女子	高塚古墳	北群馬郡榛東村新井字高塚	昭.34.3調査 上半身のみ
d—185		壺鐙		沼田市奈良町光塚東	七五三木龍之助氏蔵
d—186		鏡（三角縁四神四獣鏡）	芝根7号古墳	佐波郡玉村町川井	
d—187		小札	鶴山古墳	太田市鳥山字八幡林2140	
d—188		冑	同　上	同　上	
d—189		短甲	同　上	同　上	

d-190		頸甲	鶴山古墳	太田市鳥山字八幡林2140	
d-191		眉庇付冑	同　　上	同　　上	
d-192		鋲留短甲	同　　上	同　　上	
d-193		甲片	同　　上	同　　上	破片大4、小6
d-194		甲片	同　　上	同　　上	破片
d-195		甲片	同　　上	同　　上	破片
d-196		甲片	同　　上	同　　上	破片
d-197		甲片	同　　上	同　　上	破片
d-198		木質	同　　上	同　　上	
d-199		粘土	同　　上	同　　上	
d-200		粘土	同　　上	同　　上	破片
d-201		鉄鏃	同　　上	同　　上	
d-202		骨粉	同　　上	同　　上	
d-203		骨粉	同　　上	同　　上	
d-204		骨粉	同　　上	同　　上	
d-205		粘土	同　　上	同　　上	
d-206		骨粉	同　　上	同　　上	
d-207		木質	同　　上	同　　上	
d-208		鉄鏃	同　　上	同　　上	
d-209		粘土	同　　上	同　　上	
d-210		粘土	同　　上	同　　上	
d-211		木質	同　　上	同　　上	
d-212		漆膜	同　　上	同　　上	赤色
d-213		木質	同　　上	同　　上	粉状
d-214		粘土	同　　上	同　　上	
d-215		粘土	同　　上	同　　上	
d-216		粘土	同　　上	同　　上	
d-217		粘土	同　　上	同　　上	
d-218		骨	同　　上	同　　上	断片
d-219		鉄粉	同　　上	同　　上	
d-220		鉄鏃	同　　上	同　　上	断片
d-221		鉄粉	同　　上	同　　上	
d-222		鉄鏃	同　　上	同　　上	
d-223		粘土及び鉄鏃	同　　上	同　　上	
d-224		粘土	同　　上	同　　上	
d-225		粘土及び木質	同　　上	同　　上	
d-226		粘土	同　　上	同　　上	
d-227		粘土	同　　上	同　　上	
d-228		礫	同　　上	同　　上	破砕
d-229		鉄鏃	同　　上	同　　上	
d-230		鉄鏃	同　　上	同　　上	矢柄
d-231		粘土及び木質粉	同　　上	同　　上	
d-232		鉄鏃	同　　上	同　　上	
d-233		鉄鏃	同　　上	同　　上	
d-234		小札	同　　上	同　　上	石室外出土遺物
d-235		直刀	乗附Ⅴ号古墳	高崎市乗附町御部入	
d-236	古墳石材-1	石棺片		高崎市岩鼻町	断片、内面彩色

整理番号	旧番号	遺物名	遺跡名	出土地	備考
d-237	石-2	角閃石安山岩	斗合田稲荷塚古墳	邑楽郡明和村斗合田字稲荷塚	昭29.7調査 五面削石材
d-238	石-3	角閃石安山岩	同 上	同 上	同 上
d-239	石-4	角閃石安山岩	同 上	同 上	同 上
d-240	石-5	角閃石安山岩	同 上	同 上	同 上
d-241	石-6	角閃石安山岩	同 上	同 上	同 上
d-242	石-7	角閃石安山岩	弥勒山古墳	前橋市元総社町弥勒942	昭.39.6調査 根石、削石
d-243	石-8	角閃石安山岩	同 上	同 上	同 上
d-244	石-9	角閃石安山岩	同 上	同 上	同 上
d-245	石-10	角閃石安山岩	同 上	同 上	同 上
d-246	石-11	角閃石安山岩	同 上	同 上	同 上
d-247	石-16	角閃石安山岩	同 上	同 上	同 上 削石断片
d-248	石-12	角閃石安山岩		前橋市朝倉町	削石袖石
d-249	石-13	角閃石安山岩			五面削石材
d-250	石-14	角閃石安山岩			四面削石材
d-251	石-15	角閃石安山岩			四面削石材
d-252	石-17	角閃石安山岩			一面削石材

個体資料eリスト

整理番号	旧番号	遺物名	遺跡名	出土地	備考
e-1	土-47	土師器(壺)	鶴辺遺跡	高崎市石原町鶴辺	底欠
e-2	土-55	同 上(〃)	同 上	同 上	口頸部有段袋口
e-3	土-56	同 上(壺胴部)	同 上	同 上	平底突出輪状上底
e-4	土-87	同 上(壺)	同 上	同 上	口唇一部欠突出平底
e-5	土-88	同 上(〃)	同 上	同 上	胴半欠輪状上底
e-6	土-101	同 上(〃)	同 上	同 上	胴半欠・頸・底欠
e-7	土-110	同 上(〃)	同 上	同 上	胴下部半欠突出平底輪状上底
e-8	土-111	同 上(〃)	同 上	同 上	胴上半半欠
e-9	土-112	同 上(〃)	同 上	同 上	下半半欠
e-10	土-52	同 上(坩)	同 上	同 上	頸部欠
e-11	土-60	同 上(〃)	同 上	同 上	口縁一部欠
e-12	土-66	同 上(〃)	同 上	同 上	半欠
e-13	土-73	同 上(〃)	同 上	同 上	
e-14	土-106	同 上(〃)	同 上	同 上	半欠、底欠
e-15	土-108	同 上(〃)	同 上	同 上	口唇半欠
e-16	土-79	同 上(〃)	同 上	同 上	
e-17	土-105	同 上(〃)	同 上	同 上	底一部欠、口唇半欠
e-18	土-107	同 上(〃)	同 上	同 上	口縁欠
e-19	土-48	同 上(高坏)	同 上	同 上	
e-20	土-49	同 上(〃)	同 上	同 上	脚一欠

e－21	土－50	土師器（高坏）	鶴辺遺跡	高崎市石原町鶴辺	
e－22	土－51	同　　上（〃）	同　　上	同　　上	一部欠
e－23	土－53	同　　上（〃）	同　　上	同　　上	脚のみ
e－24	土－54	同　　上（〃）	同　　上	同　　上	脚一部欠
e－25	土－58	同　　上（〃）	同　　上	同　　上	
e－26	土－61	同　　上（〃）	同　　上	同　　上	脚のみ
e－27	土－65	同　　上（〃）	同　　上	同　　上	脚一部欠
e－28	土－67	同　　上（〃）	同　　上	同　　上	坏部のみ
e－29	土－68	同　　上（〃）	同　　上	同　　上	
e－30	土－69	同　　上（〃）	同　　上	同　　上	脚一部欠
e－31	土－70	同　　上（〃）	同　　上	同　　上	坏部のみ
e－32	土－76	同　　上（〃）	同　　上	同　　上	
e－33	土－77	同　　上（〃）	同　　上	同　　上	
e－34	土－80	同　　上（〃）	同　　上	同　　上	脚一部欠
e－35	土－84	同　　上（〃）	同　　上	同　　上	脚一部欠
e－36	土－85	同　　上（〃）	同　　上	同　　上	坏部のみ
e－37	土－86	同　　上（〃）	同　　上	同　　上	脚のみ
e－38	土－89	同　　上（〃）	同　　上	同　　上	脚一部欠
e－39	土－90	同　　上（〃）	同　　上	同　　上	口唇一部欠、脚裾欠
e－40	土－91	同　　上（〃）	同　　上	同　　上	坏部大半欠、脚一部欠
e－41	土－92	同　　上（〃）	同　　上	同　　上	坏部一部欠、脚裾半欠
e－42	土－93	同　　上（〃）	同　　上	同　　上	脚裾欠
e－43	土－98	同　　上（〃）	同　　上	同　　上	脚裾一部欠
e－44	土－100	同　　上（〃）	同　　上	同　　上	
e－45	土－102	同　　上（〃）	同　　上	同　　上	坏部一部欠
e－46	土－103	同　　上（〃）	同　　上	同　　上	坏部一部欠、脚裾欠
e－47	土－104	同　　上（〃）	同　　上	同　　上	半欠
e－48	土－57	同　　上（〃）	同　　上	同　　上	
e－49	土－99	同　　上（基台）	同　　上	同　　上	
e－50	土－95	同　　上（甕）	同　　上	同　　上	底部欠
e－51	土－96	同　　上（〃）	同　　上	同　　上	胴・口唇一部欠
e－52	土－97	同　　上（〃）	同　　上	同　　上	胴半欠、口唇一部欠
e－53	土－78	同　　上（深鉢）	同　　上	同　　上	
e－54	土－62	同　　上（甕）	同　　上	同　　上	胴一部欠
e－55	土－63	同　　上（〃）	同　　上	同　　上	
e－56	土－56	同　　上（〃）	同　　上	同　　上	口唇一部欠
e－57	土－59	同　　上（塊）	同　　上	同　　上	
e－58	土－72	同　　上（〃）	同　　上	同　　上	
e－59	土－71	同　　上（〃）	同　　上	同　　上	
e－60	土－81	同　　上（深塊）	同　　上	同　　上	
e－61	土－64	同　　上(脚付甕)	同　　上	同　　上	脚部のみ
e－62	土－74	同　　上（〃）	同　　上	同　　上	口縁一部欠
e－63	土－75	同　　上（〃）	同　　上	同　　上	口唇一部欠

整理番号	旧番号	遺物名	遺跡名	出土地	備考
e−64	土−94	土師器（甕）	鶴辺遺跡	高崎市石原町鶴辺	
e−65	土−83	同　上（天手択）	同　上	同　上	半欠
e−66	土−323	同　上（坩）	入野遺跡	多野郡吉井町石神	
e−67	土−335	同　上（壺）	同　上	同　上	口縁一部欠
e−68	土−372	同　上（〃）	同　上	同　上	口縁一部欠
e−69	土−325	同　上（甕）	同　上	同　上	口縁欠
e−70	土−326	同　上（〃）	同　上	同　上	口縁一部欠
e−71	土−327	同　上（〃）	同　上	同　上	口縁一部欠
e−72	土−338	同　上（〃）	同　上	同　上	胴半欠
e−73	土−348	同　上（〃）	同　上	同　上	口縁一部欠
e−74	土−349	同　上（〃）	同　上	同　上	口縁一部欠、底欠
e−75	土−359	同　上（〃）	同　上	同　上	
e−76	土−366	同　上（〃）	同　上	同　上	口縁部欠
e−77	土−367	同　上（〃）	同　上	同　上	胴部半欠
e−78	土−373	同　上（〃）	同　上	同　上	
e−79	土−375	同　上（〃）	同　上	同　上	
e−80	土−332	同　上（甑）	同　上	同　上	
e−81	土−339	同　上（〃）	同　上	同　上	
e−82	土−369	同　上（〃）	同　上	同　上	
e−83	土−371	同　上（〃）	同　上	同　上	
e−84	土−374	同　上（〃）	同　上	同　上	口縁欠
e−85	土−328	同　上（甕）	同　上	同　上	
e−86	土−329	同　上（〃）	同　上	同　上	口縁・胴一部欠
e−87	土−333	同　上（〃）	同　上	同　上	半欠
e−88	土−336	同　上（〃）	同　上	同　上	口縁一部欠
e−89	土−355	同　上（〃）	同　上	同　上	一部のみ
e−90	土−358	同　上（〃）	同　上	同　上	口縁一部欠
e−91	土−360	同　上（〃）	同　上	同　上	半欠
e−92	土−370	同　上（〃）	同　上	同　上	
e−93	土−324	同　上（盌）	同　上	同　上	上半欠
e−94	土−331	同　上（〃）	同　上	同　上	
e−95	土−350	同　上（埦）	同　上	同　上	
e−96	土−351	同　上（〃）	同　上	同　上	
e−97	土−356	同　上（〃）	同　上	同　上	口縁欠
e−98	土−376	同　上 （高台付埦）	同　上	同　上	
e−99	土−330	同　上（坏）	同　上	同　上	
e−100	土−340	同　上（〃）	同　上	同　上	口縁半欠
e−101	土−32	同　上（〃）	同　上	同　上	
e−102	土−343	同　上（〃）	同　上	同　上	半欠
e−103	土−344	同　上（〃）	同　上	同　上	口縁半欠
e−104	土−345	同　上（〃）	同　上	同　上	口縁・底一部欠
e−105	土−346	同　上（〃）	同　上	同　上	口縁一部欠
e−106	土−347	同　上（〃）	同　上	同　上	口縁内折
e−107	土−352	同　上（〃）	同　上	同　上	口縁一部欠
e−108	土−353	同　上（〃）	同　上	同　上	半欠

e−109	土−354	土師器（坏）	入野遺跡	多野郡吉井町石神	半欠
e−110	土−357	同　　上（〃）	同　　上	同　　上	半欠
e−111	土−362	同　　上（〃）	同　　上	同　　上	口縁・底一部欠
e−112	土−363	同　　上（〃）	同　　上	同　　上	
e−113	土−364	同　　上（〃）	同　　上	同　　上	
e−114	土−365	同　　上（〃）	同　　上	同　　上	
e−115	土−368	同　　上（〃）	同　　上	同　　上	
e−116	土−334	同　　上（高坏）	同　　上	同　　上	坏部半欠、脚端欠
e−117	土−337	同　　上（〃）	同　　上	同　　上	坏部半欠、脚半欠
e−118	土−361	同　　上（〃）	同　　上	同　　上	坏部、口縁一部脚欠
e−119	土−341	同　　上（塊）	同　　上	同　　上	上半欠
e−120	土−279	同　　上（高坏）	寺畑遺跡	前橋市荒口町寺畑	坏部半欠、脚端一部欠
e−121	土−280	同　　上（台付深鉢）	同　　上	同　　上	口縁一部欠
e−122	土−300	同　　上（甕）	同　　上	同　　上	胴下半欠
e−123	土−301	同　　上（〃）	同　　上	同　　上	口縁一部欠
e−124	土−302	同　　上（〃）	同　　上	同　　上	
e−125	土−303	同　　上（〃）	同　　上	同　　上	胴下半一部欠、底欠
e−126	土−304	同　　上（〃）	同　　上	同　　上	
e−127	土−305	同　　上（〃）	同　　上	同　　上	
e−128	土−306	同　　上（〃）	同　　上	同　　上	口縁一部欠、底欠
e−129	土−307	同　　上（〃）	同　　上	同　　上	口縁一部欠
e−130	土−308	同　　上（〃）	同　　上	同　　上	
e−131	土−309	同　　上（〃）	同　　上	同　　上	口縁一部欠
e−132	土−310	同　　上（〃）	同　　上	同　　上	
e−133	土−294	同　　上（甑）	同　　上	同　　上	
e−134	土−289	同　　上（塊）	同　　上	同　　上	
e−135	土−281	同　　上（坏）	同　　上	同　　上	
e−136	土−282	同　　上（〃）	同　　上	同　　上	
e−137	土−283	同　　上（〃）	同　　上	同　　上	
e−138	土−284	同　　上（〃）	同　　上	同　　上	
e−139	土−285	同　　上（〃）	同　　上	同　　上	
e−140	土−296	同　　上（〃）	同　　上	同　　上	半欠
e−141	土−287	同　　上（〃）	同　　上	同　　上	
e−142	土−288	同　　上（〃）	同　　上	同　　上	
e−143	土−290	同　　上（〃）	同　　上	同　　上	
e−144	土−291	同　　上（〃）	同　　上	同　　上	
e−145	土−292	同　　上（〃）	同　　上	同　　上	
e−146	土−293	同　　上（〃）	同　　上	同　　上	口縁一部欠
e−147	土−295	同　　上（〃）	同　　上	同　　上	
e−148	土−296	同　　上（〃）	同　　上	同　　上	
e−149	土−297	同　　上（〃）	同　　上	同　　上	
e−150	土−298	同　　上（〃）	同　　上	同　　上	
e−151	土−299	同　　上（〃）	同　　上	同　　上	口縁一部欠
e−152	土−150	同　　上（高坏）	井野岡貝戸遺跡	高崎市井野町岡貝戸	坏部のみ

整理番号	旧番号	遺 物 名	遺 跡 名	出 土 地	備 考
e－153	土－151	土師器（甕）	井野岡貝戸遺跡	高崎市井野町岡貝戸	底欠、口縁一部欠
e－154	土－474	同　上（塊）	同　上	同　上	
e－155	土－116	同　上（甕）	上並榎遺跡	高崎市上並榎町山王裏1139	底部のみ
e－156	土－117	同　上（〃）	同　上	同　上	上半部
e－157	土－119	同　上（〃）	同　上	同　上	
e－158	土－118	同　上（甑）	同　上	同　上	
e－159	土－115	同　上（壺）	同　上	同　上	
e－160	土－502	同　上（坩）	御部入4号墳	高崎市乗附町御部入	
e－161	土－404	同　上（坏）	河原Ⅰ号古墳	高崎市山名町字南	口縁一部欠
e－162	土－139	同　上（器台）	佐野40号古墳々丘下	高崎市下佐野町	坏部半欠
e－163	土－139	同　上（壺）	下小鳥遺跡	高崎市下小鳥町	口縁一部欠
e－164	土－140	同　上（〃）	同　上	同　上	口縁一部欠
e－165	土－141	同　上（〃）	同　上	同　上	
e－166	土－142	同　上（甕）	同　上	同　上	口縁一部欠
e－167	土－509	同　上（〃）	護国神社社地	高崎市乗附町	
e－168	土－513	同　上（塊）	同　上	同　上	
e－169	土－514	同　上（燈明皿）	同　上	同　上	
e－170	土－510	同　上（甕）	佐野稲荷塚	高崎市下佐野町	
e－171	土－43	同　上（基台）	南大類花岡遺跡	高崎市南大類町花岡	
e－172	土－500	同　上（坩）	井野川	高崎市浜尻町	口縁半欠
e－173	土－501	同　上（高坏）	同　上	同　上	脚端半欠、坏欠
e－174	土－434	同　上（小皿）		高崎市高松町	
e－175	土－390	同　上（甕）		高崎市岩鼻町	
e－176	土－463	同　上（坩）		同　上	口縁一部欠
e－177	土－488	同　上（甕）		群馬郡中群馬用水漆原地内	口縁一部欠
e－178	土－402	同　上（坩）	大応寺遺跡	高崎市倉賀野町大応寺	口縁一部欠
e－179	土－403	同　上（脚付甕）	同　上	同　上	脚欠
e－180	土－192	同　上（高台付塊）	国分寺付近	群馬郡群馬町東国分	上半欠
e－181	土－409	同　上（壺）		榛名町本郷	頸部半欠
e－182	土－221	同　上（〃）	館野遺跡	北群馬郡子持村中郷字館野	頸部半欠
e－183	土－231	同　上（〃）	同　上	同　上	口縁一部欠
e－184	土－222	同　上（甕）	同　上	同　上	底部欠
e－185	土－223	同　上（〃）	同　上	同　上	
e－186	土－224	同　上（〃）	同　上	同　上	
e－187	土－225	同　上（甑）	同　上	同　上	頸部半欠
e－188	土－227	同　上（甕）	同　上	同　上	胴・口縁一部欠
e－189	土－226	同　上（〃）	同　上	同　上	胴一部、口頸欠
e－190	土－228	同　上（〃）	同　上	同　上	半欠
e－191	土－229	同　上（〃）	同　上	同　上	底欠、口頸一部欠
e－192	土－330	同　上（〃）	同　上	同　上	
e－193	土－476	同　上（坏）	高塚古墳	北群馬郡榛東村高塚	口縁一部欠
e－194	土－13	同　上（塊）	東町古墳	渋川市東町2001の4	
e－195	土－14	同　上（壺）	同　上	同　上	
e－196	土－250	同　上（甕）	榎八幡遺跡	新田郡藪塚本町	

e-197	土-251	土師器	（甕）	榎八幡遺跡	新田郡藪塚本町	胴下半欠
e-198	土-113	同 上	（壺）	牛沢遺跡	太田市牛沢字本郷	口唇一部欠
e-199	土-114	同 上	（坩）	同　　上	同　　上	口唇一部欠
e-200	土-379	同 上	（甕）	世良田駅構内土師住居第1号跡	新田郡尾島町世良田2415	口縁一部欠
e-201	土-143	同 上	（甑）	三島台遺跡	新田郡藪塚本町藪塚	口縁一部欠
e-202	土-163	同 上	（〃）	由良東原遺跡	太田市	上半欠
e-203	土-169	同 上	（器台）	市之井重殿遺跡	新田郡新田町市之井重殿1559	坏部半欠、脚端一部欠
e-204	土-203	同 上	（高坏）	上江田西田遺跡	新田郡新田町上江田西田	坏部半欠、脚端一部欠
e-205	土-401	同 上	（〃）		太田市米沢二子山	脚端一部欠
e-206	土-170	同 上	（甕）		新田郡尾島町粕川山の神	胴一部欠
e-207	土-467	同 上	（〃）		同　　上	胴下半欠
e-208	土-161	同 上	（深鉢）		同　　上	
e-209	土-468	同 上	（器台）		同　　上	脚端一部欠
e-210	土-180	同 上	（高坏）	朝子塚北遺跡	太田市牛沢	脚端一部欠
e-211	土-181	同 上	（〃）	同　　上	同　　上	脚端一部欠
e-212	土-182	同 上	（〃）	同　　上	同　　上	
e-213	土-83	同 上	（〃）	同　　上	同　　上	口縁一部欠
e-214	土-184	同 上	（〃）	同　　上	同　　上	
e-215	土-311	同 上	（壺）	朝子塚	同　　上	胴上半欠
e-216	土-262	同 上	（手づくね）	新野遺跡	太田市新野	
e-217	土-505	同 上	（塊）		太田市	口縁一部欠
e-218	土-506	同 上	（坏）		同　　上	口縁・胴一部欠
e-219	土-507	同 上	（〃）		太田市細谷	口縁・胴一部欠
e-220	土-385	同 上	（〃）		太田市新島	口縁一部欠
e-221	土-425	同 上	（小皿）	太田天神山	太田市内ヶ島	
e-222	土-426	同 上	（〃）	同　　上	同　　上	
e-223	土-237	同 上	（甕）	女塚遺跡	佐波郡境町女塚字道西	
e-224	土-218	同 上	（壺）	南原C号古墳	佐波郡赤堀町今井字南原	半欠
e-225	土-503	同 上	（塊）	芝根7号古墳	佐波郡玉村町	
e-226	土-1	同 上	（坏）	萩塚古墳	佐波郡玉村町後箇21	
e-227	土-2	同 上	（〃）	同　　上	同　　上	
e-228	土-4	同 上	（高坏）	同　　上	同　　上	破片
e-229	土-11	同 上	（〃）	同　　上	同　　上	
e-230	土-3	同 上	（皿）	同　　上	同　　上	
e-231	土-15	同 上	（坩）	同　　上	同　　上	
e-232	土-5	同 上	（〃）	玉村37号古墳	佐波郡玉村町	
e-233	土-6	同 上	（〃）	同　　上	同　　上	
e-234	土-8	同 上	（〃）	同　　上	同　　上	破片
e-235	土-7	同 上	（天手択）	同　　上	同　　上	
e-236	土-9	同 上	（坏）	同　　上	同　　上	
e-237	土-10	同 上	（高坏）	同　　上	同　　上	上部のみ
e-238	土-185	同 上	（甕）	御伊勢坂遺跡	佐波郡赤堀町今井字久保	
e-239	土-186	同 上	（〃）	同　　上	同　　上	
e-240	土-187	同 上	（甑）	同　　上	同　　上	

整理番号	旧番号	遺 物 名	遺跡名	出 土 地	備 考
e-241	土-188	土師器（埦）	御伊勢坂遺跡	佐波郡赤堀町今井字久保	
e-242	土-189	同　上（〃）	同　上	同　上	
e-243	土-202	同　上（〃）	同　上	同　上	
e-244	土-258	同　上（深鉢）	同　上	同　上	
e-245	土-219	同　上（甕）	下触遺跡	佐波郡赤堀町下触1060	
e-246	土-220	同　上（〃）	同　上	同　上	口縁のみ
e-247	土-176	同　上（〃）	香林遺跡	佐波郡赤堀町香林	胴半欠
e-248	土-177	同　上（坩）	同　上	同　上	口縁半欠
e-249	土-178	同　上（埦）	同　上	同　上	半欠
e-250	土-179	砥石	同　上	同　上	
e-251	土-483	同　上（壺）		勢多郡新里村香林	胴一部欠
e-252	土-485	同　上（高坏）		佐波郡境町木島	上皿欠、脚端一部欠
e-253	土-479	同　上（甕）		上陽村上福島	口縁欠
e-254	土-120	同　上（壺）	荒砥東小学校々庭遺跡	前橋市荒砥	底欠
e-255	土-487	同　上（〃）	同　上	同　上	破片
e-256	土-486	同　上（〃）	同　上	同　上	破片
e-257	土-121	同　上（甕）	同　上	同　上	
e-258	土-122	同　上（〃）	同　上	同　上	半欠
e-259	土-123	同　上（〃）	同　上	同　上	上半分のみ
e-260	土-24	同　上（大型坏）	同　上	同　上	半欠
e-261	土-125	同　上（坏）	同　上	同　上	口縁一部欠
e-262	土-126	同　上（〃）	同　上	同　上	口縁一部欠
e-263	土-127	同　上（〃）	同　上	同　上	口縁一部欠
e-264	土-128	同　上（小型坏）	同　上	同　上	
e-265	土-129	同　上（埦）	同　上	同　上	口縁一部欠
e-266	土-264	土師器（甕）	同　上	太田市新島	口唇一部欠、胴部下半欠
e-267	土-265	同　上（〃）	同　上	同　上	口唇一部欠、胴半欠
e-268	土-266	同　上（壺）	同　上	同　上	底のみ
e-269	土-24	同　上（〃）	諏訪西遺跡	前橋市荒口町	口縁のみ
e-270	土-25	同　上（〃）	同　上	同　上	口縁のみ
e-271	土-26	同　上（基台）	同　上	同　上	
e-272	土-28	同　上（高坏）	同　上	同　上	脚欠
e-273	土-29	同　上（〃）	同　上	同　上	坏部欠
e-274	土-154	同　上（〃）	同　上	同　上	脚端欠
e-275	土-155	同　上（〃）	同　上	同　上	坏部、脚端一部欠
e-276	土-42	同　上（〃）	同　上	同　上	
e-277	土-27	同　上（坏）	同　上	同　上	上半欠
e-278	土-40	同　上（〃）	同　上	同　上	
e-279	土-41	同　上（〃）	同　上	同　上	
e-280	土-275	同　上（〃）	同　上	同　上	口縁部一部欠
e-281	土-152	同　上（甕）	同　上	同　上	

e−282	土−152	土師器（脚付深鉢）	諏訪西遺跡	前橋市荒口町	脚欠、口縁一部欠
e−283	土−36	同　　上(脚付甕)	同　　上	同　　上	脚のみ
e−284	土−37	同　　上（〃）	同　　上	同　　上	
e−285	土−38	同　　上（〃）	同　　上	同　　上	
e−286	土−39	同　　上（〃）	同　　上	同　　上	
e−287	土−33	同　　上(小型甕)	同　　上	同　　上	
e−288	土−34	同　　上（〃）	同　　上	同　　上	
e−289	土−35	同　　上（〃）	同　　上	同　　上	
e−290	土−32	同　　上 （小型浅鉢）	同　　上	同　　上	
e−291	土−153	同　　上 （高台付埦）	同　　上	同　　上	口縁・脚端欠
e−292	土−30	同　　上(広口坩)	同　　上	同　　上	
e−293	土−31	同　　上（坩）	同　　上	同　　上	頸部欠
e−294	土−16	同　　上(小型甕)	荒口赤城神社遺跡	前橋市荒口町	
e−295	土−18	同　　上（〃）	同　　上	同　　上	
e−296	土−21	同　　上(脚付甕)	同　　上	同　　上	
e−297	土−22	同　　上（〃）	同　　上	同　　上	上半欠
e−298	土−19	同　　上(小型甑)	同　　上	同　　上	
e−299	土−23	同　　上（〃）	同　　上	同　　上	
e−300	土−20	同　　上（浅鉢）	同　　上	同　　上	
e−301	土−17	同　　上（坩）	同　　上	同　　上	
e−302	土−133	同　　上（甕）	荒口前田遺跡	同　　上	
e−303	土−134	同　　上（〃）	同　　上	同　　上	
e−304	土−135	同　　上（甑）	同　　上	同　　上	
e−305	土−136	同　　上（埦）	同　　上	同　　上	
e−306	土−137	同　　上（〃）	同　　上	同　　上	半欠
e−307	土−138	同　　上（埦）	同　　上	同　　上	
e−308	土−174	同　　上（甕）	荒砥大室遺跡	前橋市大室町	口唇上部欠
e−309	土−172	同　　上（甑）	同　　上	同　　上	底大半欠、口唇一部欠
e−310	土−173	同　　上（〃）	同　　上	同　　上	口縁一部欠
e−311	土−438	同　　上（埦）	同　　上	同　　上	半欠
e−312	土−244	同　　上（甕）	小神明遺跡	前橋市小神明町堤下	胴一部欠
e−313	土−245	同　　上（〃）	同　　上	同　　上	
e−314	土−411	同　　上（〃）	同　　上	同　　上	上半部のみ、口縁半欠
e−315	土−217	同　　上（甑）	同　　上	同　　上	口縁一部欠
e−316	土−247	同　　上（坩）	同　　上	同　　上	口縁一部欠
e−317	土−246	同　　上(脚付埦)	同　　上	同　　上	口縁・脚一部欠
e−318	土−248	同　　上（盌）	同　　上	同　　上	口縁一部欠
e−319	土−249	同　　上（〃）	同　　上	同　　上	
e−320	土−253	同　　上（壺）	元総社小学校々庭	前橋市元総社町	口縁半欠
e−321	土−254	同　　上（高坏）	同　　上	同　　上	上半欠
e−322	土−255	同　　上（坩）	同　　上	同　　上	胴半欠、口縁欠

整理番号	旧番号	遺物名	遺跡名	出土地	備考
e－323	土－252	土師器（坩）	朝倉Ⅲ号古墳々丘下	前橋市朝倉町1399	
e－324	土－145	同　上（甑）	荒子神社	前橋市荒子町	口縁一部欠
e－325	土－146	同　上（埦）	同　上	同　上	半欠
e－326	土－147	同　上（〃）	同　上	同　上	半欠
e－327	土－148	同　上（高坏）	同　上	同　上	半欠
e－328	土－149	同　上（〃）	同　上	同　上	坏部・口唇一部欠
e－329	土－445	同　上（甑）		前橋市	口縁部一部欠
e－330	土－156	同　上（甕）		前橋市二之宮町	
e－331	土－444	同　上（甑）		前橋市二之宮町、松井多喜興方	
e－332	土－416	同　上（埦）		前橋市（旧荒砥村大室）	
e－333	土－417	同　上（〃）		同　上	口縁一部欠
e－334	土－418	同　上（〃）		同　上	胴・口縁一部欠
e－335	土－419	同　上（〃）		同　上	
e－336	土－420	同　上（〃）		同　上	
e－337	土－256	同　上（甕）		前橋市西大室町	
e－338	土－481	同　上（燈明皿）		同　上	口縁一部欠
e－339	土－455	同　上（皿）		同　上	
e－340	土－398	同　上（甕）		前橋市（旧荒砥村）	胴部欠
e－341	土－400	同　上（〃）		同　上	胴部欠
e－342	土－447	同　上（〃）		同　上	
e－343	土－451	同　上（〃）		同　上	口縁一部欠
e－344	土－393	同　上（〃）		同　上	口縁一部欠
e－345	土－392	同　上（〃）		同　上	口縁一部欠
e－346	土－399	同　上（〃）		同　上	胴一部欠
e－347	土－448	同　上（〃）		同　上	口縁一部欠
e－348	土－446	同　上（〃）		同　上	
e－349	土－450	同　上（〃）		同　上	
e－350	土－395	同　上（甑）		同　上	
e－351	土－401	同　上（〃）		同　上	
e－352	土－396	同　上（盌）		同　上	口縁一部欠
e－353	土－397	同　上（〃）		同　上	
e－354	土－456	同　上（埦）		同　上	口縁一部欠
e－355	土－449	同　上（坩）		同　上	口縁一部欠
e－356	土－394	同　上（高坏）		同　上	脚のみ
e－357	土－453	同　上（坏）		同　上	
e－358	土－457	同　上（〃）		同　上	
e－359	土－452	同　上		同　上	
e－360	土－458	同　上（手づくね）		同　上	
e－361	土-1062	同　上（甑）		前橋市荒子町	口縁一部欠
e－362	土－167	同　上（坩）	今井古墳	前橋市今井町	半欠
e－363	土－386	同　上（埦）		前橋市女屋町	
e－364	土－459	同　上（高坏）		同　上	坏部のみ
e－365	土－199	同　上（甑）		前橋市女屋町桃川神社北	

e－366	土－190	土師器（坩）		前橋市総社町小河原	
e－367	土－388	同　　上（高坏）		同　　　上	
e－368	土－378	同　　上（甑）		前橋市総社町山王	
e－369	土－389	同　　上（甕）		前橋市嶺町	口縁一部欠
e－370	土－164	同　　上（脚付甕）		前橋市総社町高井	口縁一部欠
e－371	土－194	同　　上（〃）		前橋市飯土井町	口縁・脚端一部欠
e－372	土－382	同　　上（甕）		勢多郡赤城村津久田停車場	口縁一部欠
e－373	土－377	同　　上（塊）		前橋市青柳町	口縁一部欠
e－374	土－405	同　　上		勢多郡宮城村柏倉字堀久保	口唇一部欠
e－375	土－171	同　　上（甕）		勢多郡桂萱三俣	口唇一部欠
e－376	土－238	同　　上（〃）		前橋市盲啞学校南	胴・口縁一部欠
e－377	土－45	同　　上（壺）		勢多郡大胡町河原浜字向屋敷	
e－378	土－263	同　　上（〃）		勢多郡粕川村大字膳字石原	口縁一部欠
e－379	土－391	同　　上（甕）		前橋市鳥取町	口縁一部欠
e－380	土－201	同　　上（〃）		勢多郡新里村武井	
e－381	土－239	同　　上（〃）	下諏訪遺跡	伊勢崎市下諏訪町1116	口縁一部欠
e－382	土－240	同　　上（〃）	同　　上	同　　　上	胴上半・口縁一部欠
e－383	土－241	同　　上（〃）	同　　上		胴半欠
e－384	土－242	同　　上（〃）	同　　上		胴下半・口縁一部欠
e－385	土－243	同　　上（〃）	同　　上	同　　　上	口縁一部欠、胴部下半欠
e－386	土－312	同　　上（坏）	同　　上	同　　　上	口縁一部欠
e－387	土－313	同　　上（〃）	同　　上	同　　　上	
e－388	土－314	同　　上（〃）	同　　上	同　　　上	
e－389	土－316	同　　上（〃）	同　　上	同　　　上	
e－390	土－317	同　　上（〃）	同　　上	同　　　上	
e－391	土－318	同　　上（〃）	同　　上	同　　　上	
e－392	土－319	同　　上（〃）	同　　上	同　　　上	
e－393	土－322	同　　上（〃）	同　　上	同　　　上	
e－394	土－322	同　　上（〃）	同　　上	同　　　上	
e－395	土－200	同　　上（甕）		伊勢崎市下諏訪町城山	胴半欠
e－396	土－320	同　　上（〃）		伊勢崎市神谷町雲晴院裏山	
e－397	土－321	同　　上（高坏）		同　　　上	脚端一部欠
e－398	土－381	同　　上（壺）		伊勢崎市神谷町	口縁一部欠
e－399	土－460	同　　上（坩）		伊勢崎市豊城町八寸	口縁欠
e－400	土－480	同　　上（毫）		藤岡市美九里矢場	底欠
e－401	土－130	同　　上（甕）	二本松火葬墓	碓氷郡松井田町二本松甲1531	底欠
e－402	土－131	同　　上（〃）	同　　上	同　　　上	底欠
e－403	土－132	同　　上（脚付甕）	同　　上	同　　　上	
e－404	土－159	同　　上（塊）		碓氷郡松井田町国衙	口唇一部欠
e－405	土－160	同　　上（坩）		同　　　上	口唇一部欠
e－406	土－465	同　　上（〃）		甘楽郡甘楽町福島	口縁欠、胴一部欠
e－407	土－464	同　　上（甑）		邑楽郡明和村（旧千江田村）	口縁欠、胴一部欠
e－408	土－257	同　　上（深埦）		甘楽郡甘楽町新屋	口縁一部欠
e－409	土－428	同　　上（手づくね）		福島、スワ	

整理番号	旧番号	遺物名	遺跡名	出土地	備考
e－410	土－197	土師器（高坏）		多野郡吉井町	坏部のみ
e－411	土－422	同　上（甕）		利根郡月夜野町上津天神	口縁、胴一部
e－412	土－432	同　上（坏）		藤塚	
e－413	土－157	同　上（甑）		埼玉県大里郡寄居町上敷免	
e－414	土－158	同　上（坩）		同　　上	
e－415	土－488	同　上（高坏）		埼玉県大里郡	
e－416	土－491	同　上（坏）		同　　上	口縁一部欠
e－417	土－492	同　上（〃）		同　　上	
e－418	土－493	同　上（〃）		同　　上	口縁一部欠
e－419	土－494	同　上（〃）		同　　上	
e－420	土－496	同　上（〃）		同　　上	口縁欠
e－421	土－497	同　上（〃）		同　　上	半分
e－422	土－498	同　上（〃）		同　　上	
e－423	土－499	同　上（〃）		同　　上	破片多数
e－424	土－469	同　上（高坏）		埼玉県諏訪町3138	坏部半欠、脚端一部欠
e－425	土－471	同　上（塊）		同　　上	胴一部欠
e－426	土－477	同　上		同　　上	底部
e－427	土－478	同　上		同　　上	口縁
e－428	土－12	同　上（高坏）			破片
e－429	土－44	同　上（脚付甕）		伊勢崎市	脚部
e－430	土－46	同　上（壺）			
e－431	土－144	同　上（〃）			口縁一部欠
e－432	土－165	同　上（甑）			
e－433	土－166	同　上（坏）			
e－434	土－168	同　上（甕）			口頸欠
e－435	土－175	同　上（甕）			胴・口縁一部欠
e－436	土－191	同　上（塊）			脚部
e－437	土－193	同　上（高坏）			脚部
e－438	土－195	同　上（坩）			口縁欠
e－439	土－196				
e－440	土－204	同　上（壺）			底
e－441	土－205	同　上（甕）			
e－442	土－206	同　上（坏）			
e－443	土－207	同　上（甕）			上半欠
e－444	土－208	同　上（〃）			上半欠
e－445	土－209	同　上（甑）	底部欠		
e－446	土－210	同　上（〃）			
e－447	土－211	同　上（甕）			下半欠・口唇欠
e－448	土－212	同　上（〃）			下半欠、口縁一部欠
e－449	土－213	同　上（甕）			底欠
e－450	土－214	同　上（壺）			底欠
e－451	土－215	同　上（〃）			底欠
e－452	土－216	同　上（〃）			胴一部欠
e－453	土－232	同　上（〃）			頸部

e－454	土－233	土師器（甕）			頸部一部欠
e－455	土－234	同　　上（〃）			
e－456	土－235	同　　上（甑）			
e－457	土－236	同　　上（小型甕）			
e－458	土－259	同　　上（手づくね）			
e－459	土－260	同　　上（〃）			
e－460	土－380	同　　上（坩）			口縁欠
e－461	土－383	同　　上（壺）			口縁一部欠
e－462	土－384	同　　上（甑）			口縁一部欠
e－463	土－387	同　　上（坏）			
e－464	土－406	同　　上（甑）			口縁一部欠
e－465	土－407	同　　上（甕）			
e－466	土－408	同　　上（壺）			
e－467	土－410	同　　上（甕）			半欠
e－468	土－412	同　　上（小型甕）			底・口縁半欠
e－469	土－413	同　　上（壺）			胴半欠
e－470	土－414	同　　上（甕）			半欠
e－471	土－415	同　　上（〃）			胴半欠
e－472	土－421	同　　上（坏）			口縁一部欠
e－473	土－423	同　　上（坩）			口縁欠
e－474	土－424	同　　上（坏）			口縁一部欠
e－475	土－427	同　　上（高坏）			坏部半欠
e－476	土－429	同　　上（埦）			口縁半欠
e－477	土－430	同　　上（甑）			口縁一部欠
e－478	土－431	同　　上（〃）			口縁一部欠
e－479	土－433	同　　上（盌）			口縁一部欠
e－480	土－435	同　　上（埦）			口縁一部欠
e－481	土－436	同　　上（壺）			
e－482	土－437	同　　上（高坏）			坏部
e－483	土－439	同　　上（壺）			胴部
e－484	土－440	同　　上（坩）			下半分
e－485	土－441	同　　上（高坏）			脚部
e－486	土－442	同　　上（小型甕）			上半部
e－487	土－443	同　　上（壺）			口縁部
e－488	土－454	同　　上（坏）			
e－489	土－462	同　　上（坩）			
e－490	土－466	同　　上（埦）			口縁一部欠
e－491	土－470	同　　上（壺）			口縁半欠、胴一部欠
e－492	土－472	同　　上（坩）			下半部
e－493	土－473	同　　上（甕）			口縁部
e－494	土－482	同　　上（甕）			底欠
e－495	土－484	同　　上（高台付埦）			脚欠、口縁一部欠
e－496	土－487	同　　上（甕）			底
e－497	土－489	同　　上（高坏）			坏部

整理番号	旧番号	遺物名	遺跡名	出土地	備考
e－498	土－489	土師器（高坏）			
e－499	土－495	同　　上（坏）		埼玉県大里郡	半欠
e－500	土－504	同　　上（壺）			口縁欠、胴半欠
e－501	土－508	同　　上（燈明皿）			
e－502	土－511	同　　上（塊）			一部
e－503	土－512	同　　上（〃）			一部
e－504	土－261	同　　上（手づくね）			
e－505	土－267	同　　上（高坏）			口縁一部欠、脚端欠
e－506	土－268	同　　上（〃）			坏部
e－507	土－269	同　　上（盌）			
e－508	土－270	同　　上（塊）			口唇一部欠
e－509	土－271	同　　上（坏）			口唇一部欠
e－510	土－272	同　　上（台付甕）			脚部
e－511	土－273	同　　上（高坏）			脚部
e－512	土－274	同　　上（坏）			口縁半欠
e－513	土－275	同　　上（盌）			
e－514	土－276	同　　上（塊）			口唇一部欠
e－515	土－277	同　　上（坏）			
e－516	土－278	同　　上（塊）			半欠
e－517	土－490	同　　上（小型台付甕）			胴欠
e－518	土－490	同　　上（坏）			
e－519		同　　上（甕）	伝右衛門遺跡	館林市近藤伝右衛門	口唇・胴一部欠
e－520		同　　上（〃）	同　　上	同　　上	口縁一部欠

個体資料 f リスト

整理番号	旧番号	遺物名	遺跡名	出土地	備考
f－1	須－48	須恵器（高坏）	多胡Ⅰ号古墳	多野郡吉井町多胡〆木71	坏部、口唇一部欠
f－2	須－46	同　　上（〃）	多胡Ⅱ号古墳	同　　上	坏部大半欠
f－3	須－47	同　　上（提瓶）	同　　上	同　　上	
f－4	須－16	同　　上（壺）	萩塚古墳	佐波郡玉村町後箇21	
f－5	須－11	同　　上（平瓶）	同　　上	同　　上	
f－6	須－10	同　　上（〃）	同　　上	同　　上	
f－7	須－5	同　　上（〃）	同　　上	同　　上	上部片
f－8	須－2	同　　上（〃）	同　　上	同　　上	
f－9	須－1	同　　上（横瓶）	同　　上	同　　上	
f－10	須－8	同　　上（〃）	同　　上	同　　上	
f－11	須－9	同　　上（〃）	同　　上	同　　上	
f－12	須－4	同　　上（高坏）	同　　上	同　　上	上部片
f－13	須－3	同　　上（〃）	同　　上	同　　上	上部片
f－14	須－15	同　　上（坩）	芝根1号古墳	佐波郡玉村町下茂木前通り283・384	
f－15	須－14	同　　上（〃）	同　　上	同　　上	

f－16	須－12	須恵器（平瓶）	芝根14号古墳	佐波郡玉村町川合	
f－17	須－100	同　　上（𤭯）			
f－18	須－7	同　　上（〃）	玉村37号古墳	佐波郡玉村町角渕字深沢2795	
f－19	須－6	同　　上（平瓶）	同　　上	同　　上	口縁部のみ
f－20	須－19	同　　上（横瓶）	働伊勢坂遺跡	佐波郡赤堀町今井久保	口縁部欠失
f－21	須－52	同　　上（𤭯）	南原古墳	佐波郡赤堀町今井字南原	頸部欠
f－22	須－22	同　　上（薬壺）	赤堀村39号古墳	佐波郡赤堀町五目牛字北通2196	
f－23	須－71	同　　上（提瓶）	石山南古墳	佐波郡赤堀町下触46	口唇部欠
f－24	須－56	同　　上（高台付長頸壺）		伊勢崎市東上ノ宮	口唇・高台欠
f－25	須－75	同　　上（蓋）	護国神社境内遺跡	高崎市乗附町護国神社	
f－26	須－74	同　　上（薬壺）	同　　上	同　　上	底欠、口唇一部欠
f－27	須－36	同　　上（平瓶）	同　　上	同　　上	底・口頸部欠
f－28	須－60	同　　上（台付𤭯）		高崎市乗附町御部入	
f－29	須－55	同　　上（高台付盤）	乗附Ⅺ号古墳	同　　上	脚端欠
f－30	須－101	同　　上（大甕）	乗附ⅩⅤ号古墳	同　　上	口縁欠
f－31	須－35	同　　上（短頸壺）	鈴塚古墳	高崎市八幡原町若宮	
f－32	須－28	同　　上（短頸坩）	佐野42号古墳	高崎市下佐野町	口唇一部欠
f－33	須－27	同　　上（平瓶）	同　　上	同　　上	口縁一部欠
f－34	須－43	同　　上（𤭯）	河原Ⅰ号古墳	高崎市山名町字南	口頸一部欠
f－35	須－42	同　　上（蓋坏壺）	同　　上	同　　上	
f－36	須－40	同　　上（脚付長頸壺）	同　　上	同　　上	
f－37	須－39	同　　上（高坏）	同　　上	同　　上	脚欠、口唇一部欠
f－38	須－41	同　　上（提瓶）	同　　上	同　　上	口縁・耳一方欠
f－39	須－38	同　　上（〃）	同　　上	同　　上	胴・口縁一部欠
f－40	須－66	同　　上（大型壺）	同　　上	同　　上	胴下半・口頸欠
f－41	須－73	同　　上（薬壺蓋）	上善地火葬墓		半欠
f－42	須－77	同　　上（薬壺）	庚甲B号古墳	群馬郡群馬町金古字庚甲929	口縁部欠
f－43	須－20	同　　上（鐘形壺）	伊熊古墳	北群馬郡子持村伊熊	口縁半欠、底一部欠
f－44	須－21	同　　上（提瓶）	同　　上	同　　上	
f－45	須－22	同　　上（𤭯）	同　　上	同　　上	口縁一部欠
f－46	須－23	同　　上（蓋坏身）	同　　上	同　　上	
f－47	須－24	同　　上（蓋坏蓋）	同　　上	同　　上	
f－48	須－25	同　　上（短頸坩）	同　　上	同　　上	
f－49	須－49	同　　上（小型壺）	有瀬Ⅱ号古墳	北群馬郡子持村有瀬2726	胴下半欠
f－50	須－26	同　　上（短頸壺）	同　　上	同　　上	
f－51	須－50	同　　上（𤭯）	同　　上	同　　上	頸部欠
f－52	須－32	同　　上（脚台付壺）	高塚古墳	北群馬郡榛東村高塚	口頸大半欠、脚部欠
f－53	須－62	同　　上（高台付垸）	日新電機構内遺跡	前橋市総社町	半欠
f－54	須－63	同　　上（〃）	同　　上	同　　上	口唇一部欠

整理番号	旧番号	遺物名	遺跡名	出土地	備考
f-55	須-64	須恵器（糸切底塊）	日新電機構内遺跡	前橋市総社町	
f-56	須-54	同　上（長頸壺）	檜峰古墳	前橋市上泉町	胴半欠
f-57	須-31	同　上（甑）	不二山古墳	前橋市高田町357・359・363	
f-58	須-37	同　上（提瓶）	小旦那古墳	前橋市朝倉町小旦那	胴半欠
f-59	須-68	同　上（壺）		前橋市鳥取町	胴下半部
f-60	須-78	同　上（坏）		前橋市荒子町	
f-61	須-29	同　上（高台付長頸壺）	月田薬師塚古墳	勢多郡粕川村月田	胴一部欠
f-62	須-67	同　上（蓋付坏）		勢多郡赤城村津久田駅付近	
f-63	須-65	同　上（壺）	壇塚古墳	勢多郡粕川村月田字高上宮219	
f-64	須-45	同　上（脚付長頸壺）	中道下古墳	伊勢崎市波志江町中道下4875	
f-65	須-34	同　上（甑）	八幡町遺跡	伊勢崎市八幡町	口頸欠
f-66	須-79	同　上（直口坏）		伊勢崎市下諏訪	口縁一部欠
f-67	須-70	同　上（深鉢）	笠松遺跡	安中市上秋間字笠松	口唇一部欠
f-68	須-76	同　上（薬壺蓋）	笠松火葬墓	同　　上	口縁・蓋端一部欠
f-69	須-17	同　上（浅埦）	二本松火葬墓	碓氷郡松井田町二本松1531	口縁一部欠
f-70	須-18	同　上（蓋）	同　上	同　　上	
f-71	須-69	同　上（窯製蔵骨器壺）	同　上	同　　上	胴下半
f-72	須-44	同　上（中型壺）	西山古墳	新田郡藪塚本町藪塚陽ノ入	胴・口縁一部欠
f-73	須-33	同　上（提瓶）	川内天王塚古墳	桐生市川内町三丁目甲16	口頸一部欠
f-74	須-51	同　上（直口坏）			半欠
f-75	須-61	同　上（〃）			半欠
f-76	須-13	同　上（坏）			
f-77	須-30	同　上（提瓶）			胴一部欠
f-78	須-57	同　上（〃）			胴一部欠
f-79	須-58	同　上（平瓶）			口縁欠
f-80	須-53	同　上（横瓶）			
f-81	須-59	同　上（甑）			
f-82	須-102	同　上（塊）			

個体資料gリスト

整理番号	旧番号	遺物名	遺跡名	出土地	備考
g-1		常滑壺	茂木上ノ山火葬墓	勢多郡大胡町茂木字上ノ山	口縁一部欠
g-2		常滑壺	同　　上	同　　上	
g-3		骨蔵器蓋石	同　　上	同　　上	野石
g-4		常滑壺	川内天王塚墳頂火葬墓	桐生市川内3丁目甲16	
g-5		骨蔵器蓋石	同　　上	同　　上	凝灰岩切石、角型
g-6		常滑壺	天神二子古墳々頂火葬墓	館林市高根字寺内	口唇部一部欠失

g－7		常滑壺	竜塚古墳々頂火葬墓	太田市下田島	口唇一部欠失
g－8		須恵質壺	同上	同上	糸切底
g－9		須恵質壺	山名天水火葬墓	高崎市山名町	口縁一部欠、今井初蔵氏寄贈
g－10		灰釉瓶		勢多郡新里村新川	高台一部欠
g－11		常滑壺	井野火葬墓	高崎市井野町1273	植松延二郎氏寄贈
g－12		筒形土器			下半欠、井上公雄氏寄贈
g－13		錫杖			頭部5環
g－14		鉄製茶釜			両肩に耳各一環
g－15		板碑			弥陀一尊、蓮弁18
g－16		板碑		勢多郡大胡町横沢薬師堂	上端二條沈線、弥陀一尊蓮弁高橋昭之助氏寄贈
g－17		板碑			上端沈線2、下半欠、弥陀一尊蓮弁「応安□□」銘
g－18		板碑			下半「年十二月」
g－19		板碑			上半断片、弥陀一尊種子蓮弁
g－20		板碑			弥陀三尊種子
g－21		板碑			下半欠、弥陀一尊種子、蓮弁紀年銘
g－22		板碑			上半断片、弥陀一尊、種子蓮弁
g－23		板碑			断片
g－24		板碑			断片
g－25		石製蔵骨器			屋蓋屋形印籠蓋身方形蓋受造出し
g－26		石製蔵骨器			小型円形穴
g－27		石製蔵骨器			蓋自然石切出印籠蓋身蓋受付方形穴
g－28		石製蔵骨器身			身方形穴
g－29		石製蔵骨器身			楕形穴、蓋受付
g－30		石製蔵骨器身			円形孔、蓋受付
g－31		石製蔵骨器身			方形孔
g－32		石製蔵骨器			身方形孔、蓋受付
g－33		石製蔵骨器			身方形孔、蓋受付
g－34		石製蔵骨器			身長方形孔
g－35		石製蔵骨器			身方形孔、蓋受付
g－36		石製蔵骨器			蓋自然石印籠蓋
g－37		石製蔵骨器			蓋自然石
g－38		板碑杳石			切り込み
g－39		五輪塔小輪			凝灰岩
g－40		五輪塔空風輪			凝灰岩
g－41		五輪塔水輪			凝灰岩、一部欠
g－42		五輪塔地輪大			上部円孔、凝灰岩

整理番号	旧番号	遺物名	遺跡名	出土地	備考
g－43		五輪塔地輪			凝灰岩
g－44		板碑			断片
g－45		皿	芝根1号墳	佐波郡玉村町下茂木通り	上釉

未整理資料収納箱リスト

箱番号	遺跡名	備考
1	西山古墳	埴輪片、サンプル
2	同　　上	同　　上
3	同　　上	埴輪片
4	街道橋古墳	同　　上
5	同　　上	同　　上
6	洞山古墳	同　　上
7	同　　上	同　　上
8	石山南古墳	同　　上
9	同　　上	同　　上
10	洞山古墳	同　　上
11	蔵王塚古墳	同　　上
12	同　　上	同　　上
13	同　　上	同　　上
14	同　　上	須恵器片
15	同　　上	埴輪片、骨片
16	同　　上	埴輪片
17	同　　上	同　　上
18	同　　上	同　　上
19	同　　上	同　　上
20	同　　上	同　　上
21	同　　上	同　　上
22	同　　上	同　　上
23	西久保遺跡	土師器片
24	上並榎遺跡	須恵器片、瓦片
25	正円寺古墳	埴輪片
26	同　　上	同　　上
27	荒砥中学校	表面採集
28	不二山古墳	埴輪片
29	荒砥今井	同　　上
30	中二子古墳	同　　上
31	岩鼻	同　　上
32	丸塚山古墳	埴輪片、土師器片
33	同　　上	埴輪片
34	下谷A号古墳	同　　上
35	同　　上	同　　上
36	成塚古墳	埴輪片、土師器片
37	山上堂城遺跡	土師器片
38	子持村中郷西組	土師器片
39	平塚古墳	埴輪片
40	剛志	同　　上
41	多胡古墳群	埴輪片
42		縄文土器片
43	下佐野	表面採集土器片
44	佐野41号古墳	骨粉、サンプル
45		須恵器片
46	月田鏡手塚古墳	埴輪片
47	同　　上	同　　上
48	同　　上	同　　上
49	同　　上	同　　上
50	同　　上	同　　上
51	壇塚古墳	同　　上
52	同　　上	同　　上
53	同　　上	形象埴輪片
54	同　　上	同　　上
55	同　　上	同　　上
56	同　　上	同　　上
57	同　　上	同　　上
58	富士見	同　　上
59	高崎護国神社	埴輪片
60	同　　上	埴輪片、土師器片
61	三本木古墳	埴輪片
62	同　　上	同　　上
63	同　　上	同　　上
64	同　　上	同　　上
65	オブ塚古墳	同　　上
66	同　　上	同　　上
67	同　　上	同　　上
68	同　　上	同　　上
69	同　　上	同　　上
70	同　　上	同　　上
71	同　　上	同　　上
72	同　　上	同　　上
73	同　　上	須恵器片
74	南原古墳群	埴輪片
75	同　　上	同　　上、サンプル
76	同　　上	同　　上
77	同　　上	同　　上
78	同　　上	同　　上
79	馬庭伊勢山古墳	同　　上
80	同　　上	同　　上
81	同　　上	同　　上
82	箕輪	同　　上

83	九十九下増田	埴輪片
84	有瀬Ⅰ号古墳	同　　上
85	鈴塚古墳	同　　上
86	敷島村	同　　上
87	同　　上	同　　上
88	同　　上	石器
89	同　　上	埴輪片、土師器片
90	同　　上	埴輪片
91	高塚古墳	同　　上
92	同　　上	同　　上、サンプル
93	同　　上	同　　上
94	同　　上	同　　上
95	同　　上	同　　上
96	同　　上	同　　上
97	同　　上	同　　上
98	同　　上	同　　上
99	同　　上	同　　上
100	同　　上	同　　上
101	佐野41号古墳	サンプル
102	佐野43号古墳	同　　上
103		埴輪片
104	達磨山古墳	同　　上
105	元総社小学校々庭遺跡	土師器片、須恵器片、その他
106	同　　上	同　　上
107	同　　上	同　　上
108	同　　上	同　　上
109	同　　上	同　　上
110	同　　上	同　　上
111	八重巻瓦窯跡	瓦片
112	同　　上	同　　上
113	同　　上	同　　上
114	同　　上	同　　上
115	同　　上	同　　上
116	同　　上	同　　上
117	鏡手塚古墳	埴輪片
118	同　　上	同　　上
119	同　　上	同　　上
120	同　　上	同　　上
121	新里山上堂城遺跡	埴輪（煙道）、土師器片、須恵器片
122	壇塚・鏡手塚古墳	頭骸骨
123	中村真下塚古墳	
124	南原古墳群	埴輪片
125	黒滝山	瓦片、須恵器片
126	上野国分寺跡	瓦片
127	同　　上	同　　上
128	高島曲輪窯跡	陶片
129	護国神社	埴輪片
130	多胡古墳群	同　　上
131	下日野鈩沢遺跡	焼土サンプル
132	同　　上	同　　上
133	同　　上	同　　上
134	下諏訪西山遺跡	
135	赤堀村五目牛	
136	片品摺渕	
137	同　　上	
138	山王付近	埴輪、土師器
139	川内天王塚	骨壺の中味
140	総社町丁間稲荷付近	
141	九十九山古墳	土器破片
142	普賢寺東	轡
143	みかじり	人骨
144	虚空蔵塚	
145	岩櫃山	
146	熊倉遺跡	
147	月形小	粘土
148	藤岡市中栗須	土師
150	不明	
151	不明	
152	不明	
153	不明	
154	伊勢崎神谷町	
155	元総社	木片
156	秩父洞穴・安中14号墳	
157	世良田	レンガ（金子規矩雄氏寄贈）
158	不明	
159	栃木県	
160	坂下町	
161	赤堀39号、五目牛	
162	不明	
163	不明	
164	山王付近	縄文把手
165	松井田二本松	
166	桂萱	五代付近縄文
167	林	
168	洞山古墳	
169	足軽	
170	栃木	
171	オブ塚	
172	新里村山上元宿	

箱番号	遺跡名	備考
173	高塚縄文	
174	白沢村高平	
175	雑	
176	不明	
177	今井古墳付近	
178	成塚	
179	室沢大林Ⅱ	
180	赤堀	
181	板倉	
182	前原遺跡	サンプル
183	白石	埴輪、縄文、弥生
184	荒子小校庭	
185	洞山古墳	
186	埼玉大滝中学校	
187	洞山	縄文
188	太田牛沢	
189	不明	サンプル
190	保美濃山	
191	洞山	埴輪
192	不明	サンプル
193	不明	石器
194	阿佐見	サンプル
195		箱の中にメモ
196	箕郷松之沢松原	群馬町愛宕塚
197	高林真福寺	
198	白石	埴輪
199		箱の中にメモ
200	伊勢崎市宗高町	
201	雑	
202	雑	
203	佐野40号	
204	室沢	
205	神ケ原	
206	室沢安通	
207	黒坂石	
208	同　　上	
209	熊倉第3次Ⅱ号	木箱
210	桂萱五代	2箱
211	金丸表採	
212	雑	
213	乗附18号	直刀、その他（木箱）
214	安中小間	
215	植野薬師	
216	薄根二子塚	
218	片品摺渕	土師
219	西久保	木箱（未整理）

箱番号	遺跡名	備考
220	宇通	サンプル（木箱）
221	金丸	
222	東町古墳	埴輪
223	同　　上	同　　上
224	同　　上	同　　上
225	同　　上	同　　上
226	同　　上	同　　上
227	同　　上	同　　上
228	同　　上	同　　上
229	同　　上	同　　上
230	同　　上	同　　上
231	同　　上	同　　上
232	同　　上	同　　上
234	同　　上	同　　上
235	同　　上	同　　上
236	同　　上	同　　上
237	同　　上	同　　上
238	同　　上	同　　上
239	同　　上	同　　上
240	同　　上	同　　上
241	同　　上	同　　上
242	同　　上	同　　上
243	同　　上	同　　上
245	同　　上	同　　上
246	同　　上	同　　上
247	同　　上	同　　上
248	同　　上	同　　上
249	同　　上	同　　上
250	同　　上	同　　上
251	同　　上	同　　上
252	同　　上	同　　上
253	同　　上	同　　上
254	同　　上	同　　上
255	同　　上	同　　上
256	同　　上	同　　上
257	同　　上	同　　上
258	同　　上	同　　上
259	同　　上	同　　上
260	同　　上	同　　上
261	同　　上	同　　上
262	同　　上	同　　上
263	同　　上	同　　上
264	同　　上	同　　上
265	同　　上	同　　上
266	同　　上	同　　上
267	同　　上	同　　上

268	東町古墳	埴輪
269	同　　上	同　　上
270	同　　上	同　　上
271	同　　上	同　　上
272	同　　上	同　　上
273	同　　上	同　　上
274	同　　上	同　　上
275	玉村13号古墳	
276	高崎八幡原古墳	
277	同　　上	
278	同　　上	
279	滝川2号古墳	
280	同　　上	
281	業平塚古墳	サンプル
282	同　　上	同　　上
283		サンプル、1966.3.調査
284	下諏訪	
285	同　　上	
286	同　　上	
287	鶴辺遺跡	
289	同　　上	
290	同　　上	
291	同　　上	
292	同　　上	
293	同　　上	
294	同　　上	
295	同　　上	
296	同　　上	
297	同　　上	
298	同　　上	
300	同　　上	
301	木崎中校庭	土師器、須恵器
302	洞山I号、滝川2号、桃川	
303	高専	
304	大鶴	サンプル
305	荒口	
306	東町古墳	埴輪円筒
307	不明	石
308	原市二子塚	
309	同　　上	
310	朝倉II号古墳	サンプル
311	天神二子古墳	
312	同　　上	
313	海老瀬北貝塚	
314	鶴辺遺跡	土師器片
315	大林遺跡	サンプル
316	八坂遺跡	骨と石

317	水沼	
318	宝泉茶臼山古墳	
319	上渕名雙児山	
320	前原I	
321	八木沢清水	
322	乗附弥生III号址	
323	水沼弥生遺跡	
324	前橋天神山古墳	壺形埴輪
325	宝泉茶臼山古墳	
326	箕郷	
327	箕郷城山遺跡	サンプル
328	大林遺跡	縄文式土器
329	宮田	
330	箕郷城山遺跡	縄文式土器
331	東片貝	土師器
332	一区東西基線	
333	室沢大林遺跡	サンプル
334	オブ塚	石
	伊勢崎市東上の宮	
	北野神社古墳	
	箕郷行人塚	
335	シャーレ	4ケ（貝殻、石器、土器）
336	箕郷城山遺跡	
337	笠郷城山二の丸遺跡	
338	箕郷？	
339	箕郷城山遺跡	サンプル
340	同　　上	縄文式土器片（縄-64の土器）
341	入野遺跡	土師器片
342	箕郷城山遺跡	No.2
343	同　　上	
344	箕郷城山二の丸遺跡	
345	芝根7号	
356	同　　上	
357	同　　上	
348	箕郷城山二の丸遺跡	サンプル
349	同　　上	上
350	同　　上	同　　上
351	同　　上	
352	同　　上	サンプル
353	芝根7号、8号	
354	玉村15号	
355	芝根7号	
356	芝根1号	

箱番号	遺跡名	備考
357	梨木山古墳	
358	同　　上	
359	現状不明	
360	玉村9号、14号	
361	芝根1号	
362	岩11号	
363	玉村	
364	芝根17号	
365	玉村14号	
366	玉村古墳？	
367	玉村15号、10号	
368	芝根14号	
369	芝根15号	
370	芝根17号	
371	玉村3号	
371	萩塚	骨
372	御部入	
373	同　　上	
374	同　　上	弥生式土器片
375	新里村	表採
376	御部入15号	
377	洞山古墳一括	埴輪
378	玉村記載漏2号	
379	大室小校庭遺跡	
380	萩塚	石
	八重巻窯跡	瓦
	その他	
381	岩鼻	埴輪
382	現状不明	
383	米岡	石器
384	現状不明	
385		

箱番号	遺跡名	備考
386	女塚	土器片（未整理）
387	宇通廃寺	
388	現状不明	縄文式土器片
389	現状不明	
390	女塚	
391	宮城村大前田	縄文式土器片
392	現状不明	浮石サンプル
393	下諏訪	（木箱）
394	熊倉	（ダンボール）
395	川内天王塚	
396	現状不明	粘土塊
397	小保呂貝塚	
398	現状不明	（ダンボール）土師器片
399	小室	縄文式土器片（収集一括）
400	現状不明	
401	三十場	
402	産業道路	
403	同　　上	
404	河原	サンプル
405	現状不明	骨
406	現状不明	
407	八坂遺跡	昭.44.7調査（ミカン箱）
408	同　　上	同　　上
409	同　　上	同　　上
410	同　　上	同　　上
411	同　　上	同　　上
412	同　　上	同　　上
413	同　　上	同　　上（ダンボール）
414	同　　上	同　　上
415	同　　上	同　　上
416	同　　上	同　　上
番号外	古文書	

調査資料目録

1．黒箱収納資料

箱　番　号	箱　名　称	所　在　地	資　料　名
11.1－1	赤城　津久田遺跡	勢多都赤城村	実測図、調査記録
11.1－2	三原田　歌舞伎舞台	勢多郡赤城村大字三原田	写真
11.1－4	（勢田）宮田畦畔遺構	勢多郡赤城村宮田字中島	実測図、調査記録、関連資料
11.2－1	北橘　赤城神社	勢多郡北橘村	写真
11.2－2－1	北橘　小室縄文住居跡	勢多郡北橘村小室	実測図、調査記録
11.2－2－2	北橘　小室縄文住居跡	勢多郡北橘村	実測図、写真、調査記録
11.3－1	冨士見　土井古墳	勢多郡富士見村米野字土居521	実測図、調査記録、地図
11.3－2	（冨士見）九十九山古墳	勢多郡富士見村原之郷275－1	実測図
11.3－1	（勢田）冨士見村考古学調査	勢多郡富士見村	実測図、拓本、土器、実測図
11.3－2	（勢田）冨士見村考古学調査	勢多郡富士見村	写真、調査記録、出土品、実測図、地籍図
11.3－4	冨士見　初室古墳	勢多郡富士見村	実測図
11.3－5	冨士見　上庄司原古墳	勢多郡富士見村	実測図
11.3－6	冨士見　ポンポン塚古墳	勢多郡富士見村	実測図
11.3－7	冨士見　舘塚古墳	勢多郡富士見村	実測図
11.3－8	（勢多）　上白川古墳	勢多郡富士見村	実測図
11.3－9	冨士見　珊瑚寺調査	勢多郡富士見村	拓本、調査記録
11.3－10	冨士見　横室中世墳墓	勢多郡富士見村	資料、写真
11.4－1	（宮城）宮城津資料展	勢多郡宮城村	拓本、実測図
11.4－3	宮城　三夜澤赤城神社	勢多郡宮城村	拓本、写真
11.4－4	宮城　堀久保寺院跡	勢多郡宮城村柏倉字堀久保	実測図
11.4－5	宮城　市ノ関縄文低居跡	勢多郡宮城村市之関	実測図、写真、地形図
11.4－6	宮城　白山古墳	勢多郡宮城村苗ヶ島字白山	実測図、調査記録、写真、拓本
11.4－8	宮城　前田縄文遺跡	勢多郡宮城村	実測図、調査記録
11.4－9	宮城　新山第Ⅰ号古墳	勢多郡宮城村馬場字新山	実測図、調査記録
11.4－11－1.2	宮城　片並木遺跡	勢多郡宮城村苗ヶ島片並木	なし
11.4－11－2	（宮城）片並木遺跡第2次調査	勢多郡宮城村苗ヶ島片並木	実測図、調査記録、写真
11.4－13	宮城　赤城神社神輿	勢多郡勢城村	実測図、拓本、調査記録、関連資料
11.4－14	勢多　古屋敷古墳	勢多郡宮城村馬場字古屋敷457	実測図、調査記録
11.4－15	勢多　新山Ⅱ号古墳	勢多郡宮城村馬場字新山	実測図、調査記録
11.5－2	大胡　長善寿	勢多郡大胡	拓本
11.5－3	大胡　横澤供養碑	勢多郡大胡町	調査記録、写真
11.5－4	大胡　殿町古墳	勢多郡大胡町	実測図

箱番号	箱名称	所在地	資料名
11.5－5	宮城　滝窪寺院遺跡	勢多郡大胡町	実測記録
11.5－6	大胡　堀越古墳	勢多郡大胡町	実測図、調査記録、写真
11.5－7	大胡　足軽町遺跡	勢多郡大胡町足軽	実測図、調査記録、写真
11.5－8	大胡町　第Ⅴ号古墳	勢多郡大胡町茂木字上ノ山507	実測図、調査記録、写真
11.5－9	大胡　茂木、上ノ山中世墳墓群	勢多郡大胡町	実測図、調査記録、写真
11.5－10	大胡町　第Ⅵ号古墳	勢多郡大胡町茂木字上ノ山507	実測図、調査記録
11.5－11	大胡　勝念寺	勢多郡大胡町	写真
11.5－12	大胡　五反田古墳	勢多郡大胡町	実測図、調査記録
11.5－13	上毛古墳綜覧　大胡町北号　五十山所在古墳	勢多郡大胡町	実測図
11.5－14	（勢多）河原浜出地菊皿	勢多郡大胡町	地図
11.5－16	大胡　浪窪縄文遺跡	勢多郡大胡町	実測図、写真
11.5－17	（大胡）小柴木遺跡	勢多郡大胡町	実測図、地図
11.5－18	大胡　山上道上遺跡	勢多郡大胡町	実測図
	大胡町横沢古墳群　横沢Ⅰ－Ⅱ号墳	勢多郡大胡町	実測図、調査記録
11.6－9	城南　寺畠土師器使用住居跡	前橋市	実測図、調査記録
11.8－1－1	新里　武井廃寺跡	勢多郡新里村武井	実測図、調査記録、写真
11.8－1－2	新里　武井廃寺塔跡	勢多郡新里村武井	実測図
11.8－2	新里・善昌寺　裏山出土焼葬墳	勢多郡新里村	実測図、調査記録
11.8－3	新里　山土層塔	勢多郡新里村	実測図
11.8－4	新里　中塚古墳	勢多郡新里村新川	実測図、写真、調査記録
11.8－5	新里　山上堂城遺跡	勢多郡新里村山上	写真
11.8－6	新里　板橋遺跡	勢多郡新里村	調査記録
11.8－8	新里　天神山古墳	勢多郡新里村新川	実測図、調査記録
11.8－9	新里　長者墳古墳	勢多郡新里村関	実測図、調査記録
11.8－10－1	新里　西久保遺跡	勢多郡新里村	実測図、調査記録
11.8－10－2	新里　西久保遺跡住居跡	勢多郡新里村	実測図
11.7－1	粕川　鏡手塚古墳	勢多郡粕川村月田字富士宮213	実測図、調査記録
11.7－2	（粕川）西塚古墳	勢多郡粕川村	実測図、調査記録
11.7－3	粕川　室澤赤城塔	勢多郡粕川村	調査者
11.7－4	粕川　月田丸塚古墳	勢多郡粕川村月田	実測図
11.7－5－1.2	粕川　壇塚古墳㈠	勢多郡粕川村月田字富士見	実測図、関連資料、写真
11.7－5－2	粕川　壇塚古墳㈡	勢多郡粕川村月田字富士見	実測図、調査記録、関連資料
11.7－6	粕川・月田　薬師塚古墳	勢多郡粕川村月右富士宮188	実測図
11.7－7	粕川村　深津井戸	勢多郡粕川村	実測図
11.7－8	粕川・月田　長峰古墳	勢多郡粕川村	実測図
11.7－13	粕川　みかじり赤城塔	勢多郡粕川村深津字三ヶ尻	実測図、拓本
11.7－14	粕川村　中祭祀遺跡	勢多郡粕川村	実測図

11.7－16	粕川　室澤縄文住居跡	勢多郡粕川村	実測図、調査記録
11.7－17	粕川　室澤大村縄文遺跡	勢多郎粕川村	実測図、調査記録
11.7－19－0	勢多　宇通廃寺跡	勢多郡粕川村赤城義字大猿	実測図、調査記録
11.7－19－1	粕川・宇通廃寺跡礎石群A	勢多郡粕川村中ノ沢字大猿	実測図
11.7－19－2	粕川・宇通廃寺跡礎石群B	勢多郡粕川村中ノ沢字大猿	実測図
11.7－19－3	粕川・宇通廃寺跡礎石群C	勢多郡粕川村中ノ沢字大猿	実測図
11.7－19－4.1	粕川・宇通廃寺跡礎石群D	勢多郡粕川村中ノ沢字大猿	実測図
11.7－19－4.2	粕川・宇通廃寺跡礎石群D	勢多郡粕川村中ノ沢字大猿	実測図、調査記録
11.7－19－5	粕川・宇通廃寺跡礎石群E	勢多郡粕川村中ノ沢字大猿	実測図
11.7－19－6	粕川・宇通廃寺跡礎石群F	勢多郡粕川村中ノ沢字大猿	実測図
11.9－19－7	粕川・宇通廃寺跡礎石群G	勢多郡粕川村中ノ沢字大猿	実測図
11.9－19－8	粕川・宇通廃寺跡礎石群H	勢多郡粕川村中ノ沢字大猿	実測図
11.9－19－9	粕川・宇通廃寺跡礎石群I	勢多郡粕川村中ノ沢字大猿	実測図
11.7－19－10	粕川・宇通廃寺跡礎石群J	勢多郡粕川村中ノ沢字大猿	実測図
11.7－19－11	粕川・宇通廃寺跡礎石群Y	勢多郡粕川村中ノ沢字大猿	実測図
12.0－1	旧九山淸康氏所蔵土器	前橋市	実測図
12.0－2－1.2	（前橋）前橋市郷土史展	前橋市	調査記録、写真
12.0－2－2	（群馬、前橋）古瓦拓本　国分寺跡、山王廃寺跡	前橋市	拓本
12.0－14－6	（群馬、前橋）古瓦拓本　国分寺跡、山王廃寺跡	前橋市	実測図
12.0－14－7	前橋　元総社小学校校庭遺跡第4次（39年）	前橋市	実測図
12.1－1	（総社）山王廃寺跡	前橋市総社町	実測、拓影
12.1－2	総社　愛宕山古墳	前橋市	送測図、写真、調査記録
12.1－3	（総社）蛇穴山古墳	前橋市	送測図、写真、調査記録
12.1－5	前橋　群馬工業高等専門学校建設地遺跡	前橋市	実測図
12.1－5－1	（総社）宝塔山古墳	前橋市	実測図、調査記録、写真、拓本
12.1－6	総社　光厳寺	前橋市	拓本
12.1－8	（総社）二子山古墳　上毛古墳綜覧　総社町第11号墳	前橋市	実測図
12.1－9	（総社）平瓦使用古墳	前橋市	実測図、写真
12.1－14	前橋　元総社小学校庭遺跡	前橋市元総社町	実測図
12.1－18	前橋　日新電機敷地内遺跡	前橋市総社町	実測図

箱　番　号	箱　名　称	所　在　地	資　料　名
12.1－19－1	前橋　総社明神本殿―正面―	前橋市	実測図
12.1－19－2	前橋　総社明神本殿―立面―	前橋市	拓本
12.1－19－3	前橋　総社明神本殿―桁行「梁間断面―	前橋市	実測図
12.1－20	前橋　石倉山出土土師器	前橋市	調査記録
12.1－22	前橋　弥勒山古墳	前橋市元総社町	実測図、調査記録
12.2－1	前橋　龍海院古墳	前橋市紅雲町	実測図、写真
12.2－3	（前橋）前橋二子山古墳	前橋市	実測図、写真
12.2－5	前橋　城内窯跡	前橋市	実測図、写真
12.3－1－1	（上川渕）小旦那古墳	前橋市	実測図、調査記録、写真
12.3－1－2	（上川渕）八幡山古墳	前橋市朝倉町若宮	実測図
12.4－1	（前橋）桂萱村調査	前橋市桂萱町	拓本
12.4－3	（桂萱）上泉郷倉	前橋市	写真、関連資料
12.4－5	（芳賀）オブ塚古墳	前橋市勝沢町	実測図、調査記録写真、前橋市郷土史展関連資料
12.4－5－1	（荒砥）今井古墳群	前橋市今井町字宮原	実測図、関連資料
12.4－5－2	城南　今井古墳群	前橋市今井	なし
12.4－6	（芳賀）小神明遺跡	前橋市小神明町堤下	写真
12.4－7	「桂萱）正円寺古墳	前橋市堀之下町	実測図、調査記録、関連資料、写真
12.4－9	（芳賀）オブ塚西古墳前橋市		実測図、調査記録
12.4－10	（前橋）小神明町縄文遺跡	前橋市小神明町堤下	実測図、調査記録
12.4－11	（前橋）堀ノ下土師器遺跡	前橋市堀之下町	なし
12.4－16	城南　阿久山古墳	前橋市	実測図、写真
12.4－17	城南　荒口大道古墳	前橋市荒口町大道	実測図
12.4－18	城南　頭無遺跡	前橋市	実測図
12.4－19	城南　荒砥北小学校校庭遺跡	前橋市	実測図
12.4－20	城南　前二子古墳	前橋市	実測図、調査記録
12.4－22－0	城南　荒砥東小学校庭遺跡（大室小学校々庭遺跡　写真）	前橋市東大室町　前橋市	実測図、調査記録
12.4－22	（城南）荒砥東小学校第2遺跡	前橋市東大室町	実測図、写真
12.4－22－2	城南　荒砥東小農場遺跡	前橋市	実測図、調査記録、写真
12.4－22	城南　大室小校庭第2遺跡	前橋市西大室町2817	実測図、調査記録
12.4－24	城南　荒口赤城神社境内遺跡	前橋市	実測図、調査記録、土器、実測図
12.4－25	城南　荒口諏訪西遺跡	前橋市荒口	調査記録、実測図
12.4－26	城南　後二子古墳	前橋市	実測図
12.4－26	城南　荒口古墳	前橋市	実測図、調査記録
12.4－27－1	城南　前原弥生式住居跡	勢多郡粕川村深津字前座原	借用書
12.4－28	城南　荒口前田土師遺跡	前橋市	実測図、写真
12.4－31	（勢多）鯉登塚古墳		実測図
12.5－3	（南橘）日輪寺	前橋市	写真
12.5－4	前橋　青柳土師住居跡	前橋市青柳	実測図、調査記録
なし	前橋　天神山古墳	前橋市広瀬町	実測図、調査記録

なし	前橋　元総社小学校校庭遺跡第22次（37年）	前橋市元総社町	実測図
12.14－1	前橋　元総社小学校校庭跡第1次（36年）	前橋市元総社町	実測図
12.14－2	前橋　元総社小学校校庭遺跡第1次（36年）	前橋市元総社町	実測図、分布図
12.14－3	前橋　元町社小学校校庭遺跡第2次（37年）	前橋市	実測図、調査記録
12.14－5	前橋　元総社小学校校庭遺跡第3次（38年）	前橋市	実測図
13.1－1	（玉村）玉村伊勢山古墳	佐波郡玉村町	実測図
13.1－2	（上陽）山王大塚古墳	前橋市山王町3－24	実測図、調査記録、写真、分布図
13.1－3	（上陽）田中塚古墳　上毛古墳綜覧上陽村第10号	前橋市山王町	実測図、調査記録
13.1－5－13	玉村上毛古墳綜覧　芝根村第7号墳	佐波郡玉村町川井字松塚626－629	実測図
13.1－6－0	玉村古墳群所在地	佐波郡玉村町	分布図
13.1－11－0	佐波玉村古墳群	佐波郡玉村町	実測図、調査記録、写真
13.1－11－1	玉村　上毛古墳綜覧玉村町第2号古墳	佐波郡玉村町	実測図
13.1－11－2	玉村　上毛古墳綜覧玉村町第3号古墳	佐波郡玉村町	実測図、調査記録
13.1－11－3	玉村　上毛古墳綜覧玉村町第8号古墳	佐波郡玉村町	実測図、調査記録
13.1－11－4	玉村　上毛古墳綜覧玉村町第9号古墳	佐波郡玉村町	実測図
13.1－11－5	玉村　上毛古墳綜覧玉村町第10号古墳	佐波郡玉村町角渕字深沢2600	実測図、調査記録
13.1－11－6	玉村　上毛古墳綜覧玉村町第13号墳	佐波郡玉村町	実測図
13.1－11－7	玉村　上毛古墳綜覧玉村町第14号墳	佐波郡玉村町	実測図、調査記録
13.1－11－8	佐波玉村第15号墳	佐波郡玉村町	実測図、調査記録
13.1－11－9	玉村　上毛古墳綜覧　記載漏1号古墳	佐波郡玉村町	実測図、調査記録
13.1－11－10	玉村　上毛古墳綜覧　記載漏2号古墳	佐波郡玉村町	実測図、調査記録
13.1－11－11	玉村　上毛古墳綜覧　芝根1号古墳	佐波郡玉村町下茂木字前通383－384	実測図
13.1－11－12	玉村　上毛古墳綜覧　芝根村第3号古墳	佐波郡玉村町	実測図、調査記録
13.1－11－12	佐波　芝根3号古墳周濠	佐波郡玉村町	実測図、調査記録
13.1－11－14	佐波　萩塚古墳	佐波郡玉村町	実測図、調査記録
13.1－11－15	玉村　芝根12号古墳	佐波郡玉村町	から
13.1－11－16	玉村　芝根第14号古墳	佐波郡玉村町川井	実測図、調査記録
13.1－11－17	玉村　芝根第15号古墳	佐波郡玉村町川井	実測図、調査記録
13.1－11－18	玉村　芝根第16号古墳	佐波郡玉村町川井	実測図、調査記録
13.1－11－19	玉村　芝根第17号古墳	佐波郡玉村町	実測図、調査記録

箱番号	箱　名　称	所　在　地	資　料　名
13.1－11－20	玉村　芝根第18号古墳	佐波郡玉村町	実測図、調査記録
なし	玉村　37号古墳	佐波郡玉村町角渕字深沢2795	実測図
なし	玉村町立学校所蔵考古資料	佐波郡玉村町	目録
13.2－1－0	赤堀　南原古墳群	佐波郡赤堀町五目牛字北通116	実測図
13.2－2	赤堀　洞山古墳	佐波郡五目牛字北通	実測図、関連資料
13.2－3	赤堀　田部井塚古墳	佐波郡赤堀町	なし
13.2－4	赤堀　五目市洞山西南古墳	佐波郡赤堀町	なし
13.2－5	赤堀　洞山西北古墳	佐波郡赤堀町五目牛北通り112	なし
13.2－6	赤堀　達磨山古墳	佐波郡赤堀町五目牛字下通628	実測図、調査記録
13.2－7	赤堀村　24号古墳	働波郡赤堀町	実測図
13.2－8	赤堀　向井古墳	佐波郡赤堀町下触字向井711の1	実測図
13.2－9	赤堀　蕨手塚古墳	佐波郡赤堀町五目牛字下通713	写真
13.2－9	赤堀村第39号古墳　上毛古墳綜覧	佐波郡玉村町	実測図、調査記録
13.2－10	赤堀　石山南古墳	佐波郡赤堀町下触字石山46	実測図、調査記録
13.2－11	赤堀　御伊勢崎坂遺跡	佐波郡赤堀町今井字久保	実測図、調査記録、写真
13.2－14	赤堀　中里塚古墳	佐波郡赤堀町今井三騎堂6690	実測図、調査記録、写真
13.2－15	赤堀　宝珠寺	佐波郡赤堀町	古文書写真
13.2－16	上毛古墳綜覧　赤堀村第27号古墳	佐波郡赤堀町	実測図
13.2－17	赤堀　寺跡古墳	佐波郡赤堀町	実測図、遺物、実測図
13.2－18－1	赤堀轟山古墳群	佐波郡赤堀町	実測図、調査記録、地図
13.2－18－2	赤堀轟山F号古墳	佐波郡赤堀町	実測図、写真、調査記録
13.2－21	上毛古墳塾綜覧　赤堀村第304号古墳	佐波郡赤堀町	から
13.2－23－0	佐波　田向井古墳群第2次調査	佐波郡赤堀町今井字田向井	実測図、調査記録
13.2－23－2	佐波　田向井古墳群第2号墳	佐波郡赤堀町今井字田向井	実測図
13.2－23－3	佐波　田向井古墳群第3号墳	佐波郡赤堀町今井字田向井	実測図
13.2－23－4	佐波　田向井古墳群第4号墳	佐波郡赤堀町今井字田向井	実測図
13.2－23－5	佐波　田向井古墳群第5号墳	佐波郡赤堀町今井字田向井	実測図
13.2－23－6	佐波　田向井古墳群第6号墳	佐波郡赤堀町今井字田向井	実測図

13.3－1－0	（東）下谷古墳群	佐波郡東村小保方下谷	実測図、調査記録、写真
13.4－1	（境町）境町本陣	佐波郡境町	地図、調査カード
13.4－2	（釆女）雷電神社古墳	佐波郡境町伊与久	実測図
13.4－3	（釆女）上渕名古墳	佐波郡境町上渕名	実測図、写真、調査記録
13.4－7	（釆女）双児山古墳 上毛古墳総覧第11号墳	佐波郡境町上渕名	実測図
14.1－1	（釆女）今村古墳	伊勢崎市	実測図
14.1－2	（殖蓮）本関町古墳	伊勢崎市	実測図
14.1－6	（殖蓮）丸塚古墳	伊勢崎市三和町	実測図、調査記録、写真
14.1－7	殖蓮小学校所蔵品	伊勢崎市	実測図
14.1－3	（三郷）波志江伊勢山古墳	伊勢崎市	実測図
14.1－5	（三郷）間ノ山古墳	伊勢崎市	実測図
14.1－8	（三郷）西太田古墳	伊勢崎市安堀町	実測図、写真
14－9	伊勢崎下諏訪遺跡	伊勢崎市下諏訪町1116	実測図、調査記録
14.1－4	伊勢崎喜多町遺跡	伊勢崎市喜多町	実測図、調査記録
14.1－10	伊勢崎中道下古墳	伊勢崎市波志江町中道下4875	実測図
14.1－11	伊勢崎下諏訪西山遺跡	伊勢崎市	実測図
14.1－13－0.2	伊勢崎清音古墳群	伊勢崎市茂呂町清音	実測図、調査記録
14.1－14－1	伊勢崎富士山古墳	伊勢崎市	実測図
14.1－14－2	伊勢崎御富士山古墳	伊勢崎市安堀町富士附	実測図、調査記録
21.3－2	木崎中学校土師住居跡	新田郡新田町木崎	実測図
21.1－1	笠懸鹿ノ川窯跡	新田郡笠懸町	関連資料
21.1－2	笠懸岩宿遺跡	新田郡笠懸町阿左美	写真、関連資料、調査記録
21.1－3	笠懸阿左美住居跡	新田郡笠懸町阿左美	実測図、関連資料、写真
21.1－4	笠懸小仁田倒木	新田郡笠懸町鹿	関連資料
21.1－6	笠懸西鹿田縄文遺跡	新田郡笠懸町西鹿田	青写真
21.3－1－0	生品二ッ山古墳	新田郡新田町天良	実測図
21.3－2	新田木崎中学校土師住居跡	新田郡新田町木崎	実測図、調査記録
21.4－1	宝泉脇屋古墳	太田市脇屋町、城西町	写真
21.4－3	宝泉龍塚古墳	太田市（旧）大字田島	実測図
21.4－4－0	宝泉茶臼山古墳	太田市別所町	実測図、写真、関連資料
21.4－4－1	宝泉茶臼山古墳外形実測	太田市別所町	実測図
21.4－4－2	宝泉茶臼山古墳第一次調査	太田市別所町	実測図
21.5－1	世良田月船和尚塔跡	新田郡尾島町	拓本、写真
21.5－2	世良田世良田東照宮	新田郡尾島町世良田	実測図、関連資料、写真
21.5－3	世良田普門寺	新田郡尾島町世良田	関連資料
21.5－4	尾島世良田駅構内土師住居跡(1)	新田郡尾島町世良田	写真、調査記録
21.5－4	尾島世良田駅構内土師住居跡(2)	新田郡尾島町世良田	実測図
22.1－1－1	強戸寺井廢寺門	太田市天良町	実測図
22.1－1－2	新田郡強戸村寺井地籍図	太田市寺井町	地籍図
22.1－2	鳥之郷鶴山古墳	太田市鳥山上町	実測図、写真、調査記録、関連資料

箱番号	箱名称	所在地	資料名
22.1－3	太田堂原遺跡	太田市城西町	実測図、写真
22.1－4－0	強戸成塚古墳	太田市成塚町	写真
22.1－4－1	強戸成塚D号古墳	太田市成塚町	実測図
22.1－4－2	強戸成塚A号古墳	太田市成塚町	実測図
22.1－4－3	強戸業平塚古墳（成塚C号墳）	太田市成塚町	実測図、調査記録
22.1－4－4	強戸成塚B号墳	太田市成塚町	実測図、写真
22.1－4－5	強戸岩穴古墳	太田市成塚町	実測図、関連資料
22.1－5	強戸御守山戸墳	太田市大鷲町	調査記録、実測図、関連資料、写真
22.1－6	強戸大鷲古墳	太田市大鷲町	実測図
22.1－7	太田長岡遺跡	太田市東長岡町	なし
22.1－8	強戸天良寺院跡	太田市天良町	実測図、写真、調査記録
22.1－9	（強戸）行人塚古墳	太田市から	
22.3－1－0	太田高林古墳群	太田市高林西町、高林南町	拓本、関連資料、分布図
22.3－1－1	太田中原古墳	太田市高林南町	実測図、調査記録、写真、関連資料
22.3－1－2	太田向山古墳　上毛古墳綜覧澤野村第39号	太田市	なし
22.3－1－3	太田小谷場小古墳群	太田市牛沢町	実測図、調査記録
22.3－2	太田米澤遺跡	太田市米澤町	写真、関連資料
22.3－3	太田朝子塚古墳	太田市牛沢町	実測図、写真、関連資料
23.2－1	毛里田曹源寺	太田市東今泉町	写真、拓本、関連資料
24.0－1	桐生市探訪	桐生市	円徳寺梵鐘銘文拓本 天満宮鉄燈篭銘文拓本 風仏寺梵鐘銘文拓本
24.1－1	桐生　廣澤鎌倉時代墳墓	桐生市	実測図、調査記録
24.1－2	（梅田）萱久保遺跡	桐生市	なし
24.1－3	（川内）川内天王山古墳	桐生市川内町須永字堂谷戸	実測図、写真、調査記録
24.1－4	桐生　天神台遺跡	桐生市	関連資料、写真
31.1－1	（倉渕）水沼弥生式住居跡	群馬郡倉渕村水沼字中郷	実測図
31.1－1－2	水沼弥生遺跡	群馬郡倉渕村水沼字中郷	実測図、調査記録
31.1－1－3	水沼弥生遺跡	群馬郡倉渕村水沼字中郷	実測図、調査記録
31.1－1－4	水沼弥生遺跡	群馬郡倉渕村水沼字中郷	実測図
31.1－2	倉渕　権田縄文住居跡	群馬郡倉渕村	実測図
31.2－1	室田町　石器時代遺跡	群馬郡榛名町	実測図、拓本、調査記録
31.5－3	高崎　小鶴巻古墳	高崎市	実測図
31.5－4	高崎　安楽寺古墳	高崎市倉賀野町	実測図、調査記録、写真
31.6－1	（滝川）鈴塚古墳	高崎市	実測図、調査記録
31.6－3	岩鼻　普賢寺東古墳	高崎市綿貫町堀本西1557－1	写真

31.6−4−1	群馬　滝川村2号古墳	高崎市下滝町26	実測図、調査記録
31.6−4−2	高崎　滝川村2号古墳	高崎市下滝町26	実測図
31.6−5	高崎　若宮a号墳	高崎市八幡原町若宮2028・2029	実測図
32.8−2	高崎　河原I号墳	高崎市山名町南894	実測図
32.0−1	高崎の古墳	高崎市	写真
32.1−1	高崎　乗附廃寺跡	高崎市乗附町	実測図
32.1−2−1	（六郷）上並榎遺跡	高崎市上並榎町山王裏1139	実測図、調査記録
32.1−2−2	高崎　上並榎遺跡II	高崎市上並榎町山王裏1139	実測図、写真
32.1−3	高崎　幅遺跡	高崎市	実測図
32.1−4	高崎　寺尾櫻塚板碑拓本	高崎市	拓本
32.1−5−1	（高崎）御部入古墳	高崎市乗附町御部入	調査記録、借用書
32.1−5−2	（高崎）荒久1号墳	高崎市	実測図、関連資料
32.1−5−3	（高崎）荒久2号墳	高崎市	実測図
32.1−5−4	（高崎）荒久3号墳	高崎市	実測図
32.1−6−1	高崎　鶴邊遺跡	高崎市石原町字鶴辺	実測図、関連資料
32.1−6−2	高崎　鶴邊遺跡第2次	高崎市石原町字鶴辺	実測図、調査記録、写真
32.1−7−0	高崎　御部入古墳群	高崎市乗附町御部入	実測図、調査記録、分布図
32.2−1−1	（碓氷・八幡）観音塚古墳―内部―	高崎市八幡町	実測図、調査記録、写真
32.2−1−2	（碓氷・八幡）観音塚古墳―外部―	高崎市八幡町	実測図、調査記録
32.2−2	（碓氷・八幡）南鼻高縄文遺跡	高崎市鼻高町	実測図、写真、拓本
32.2−3	高崎　剱崎遺跡	高崎市剣崎町長瀞	実測図、写真
32.2−4	（碓氷・八幡）平塚古墳	安中市鷺宮字平塚	実測図、地図
32.2−6	高崎　上豊田茶屋本陣	高崎市	実測図、調査記録、写真
32.3−2−1	高崎　井野、岡貝戸遺跡	高崎市井野町岡貝戸	実測図
32.3−3	（中川）三本山古墳	高崎市小八木町西久保	調査記録
32.3−4−1	（中川）天王山古墳	高崎市	実測図
32.3−5	中川村誌資料	高崎市	遺物、実測図
32.4−3	上毛古墳綜覧　大類村第1号古墳	高崎市	実測図、調査記録、写真
32.5−1−1	（多野・八幡）山ノ上碑	高崎市山名町	拓本
32.5−1−2	（多野・八幡）山ノ上古墳	高崎市山名町字山神谷	実測図、調査記録
32.5−1−3	（多野・八幡）山ノ上西古墳	高崎市	実測図、調査記録、写真
32.5−2	（多野・八幡）金井澤碑	高崎市山名町	拓本
32.5−3	（多野・八幡）五三山中世墳墓	高崎市	遺物スケッチ
32.5−4	（高崎）旧八幡小字図		実測図
32.5−7	高崎　上石堂古墳	高崎市根子屋町2329	実測図
32.5−8−1.2	高崎　河原I号墳	高崎市山名町南894	実測図、調査記録
32.6−005−0.5	（佐野）下佐野古墳群	高崎市下佐野町	実測図、分布図
32.6−005−1	上毛古墳綜覧　佐野村第40号古墳	下佐野町稲荷塚1040	実測図

箱番号	箱名称	所在地	資料名
32.6－005－2	上毛古墳綜覧　佐野村第41号古墳	高崎市下佐野町稲荷塚1015	実測図
32.6－005－3	上毛古墳綜覧　佐野村第43号古墳	高崎市下佐野町稲荷塚1015	実測図
32.6－005－4	上毛古墳塾覧　佐野村第48号古墳	高崎市下佐野町稲荷塚1015	実測図
32.6－005－5	高崎下佐野公民館所蔵埋蔵文化財目録	高崎市	目録
32.6－3－1	高崎　大鶴巻古墳1	高崎市	実測図
32.6－3－2	高崎　大鶴巻古墳2	高崎市	実測図
32.6－3	上毛古墳綜覧　佐野村第27号漆山古墳	高崎市	実測図
32.6－4	（佐野）蔵王塚古墳	高崎市下佐野町蔵王塚832・835	実測図、調査記録、写真
32.6－6	倉賀野　大應寺古墳	高崎市倉賀野町大応寺	実測図、写真
なし	高崎　御部入第Ⅰ号古墳	高崎市乗附町御部入	実測図、調査記録
なし	高崎　御部入第Ⅱ号古墳	高崎市乗附町御部入	実測図、調査記録
なし	高崎　御部入第Ⅲ号古墳	高崎市乗附町御部入	実測図、調査記録
なし	高崎　御部入第4号古墳	高崎市乗附町御部入	実測図、調査記録
なし	高崎　御部入第5号古墳	高崎市乗附町御部入	実測図、調査記録
なし	高崎　御部入第6号古墳	高崎市乗附町御部入	実測図、調査記録
なし	高崎　御部入第7号古墳	高崎市乗附町御部入	実測図、調査記録
なし	高崎　御部入第8号古墳	高崎市乗附町御部入	実測図、調査記録
なし	高崎　御部入第9号古墳	高崎市乗附町御部入	実測図、調査記録
なし	高崎　御部入第10号古墳	高崎市乗附町御部入	実測図、調査記録
なし	高崎　御部入第11号古墳	高崎市乗附町御部入	実測図
なし	高崎　御部入第12号古墳	高崎市乗附町御部入	実測図、調査記録
なし	高崎　御部入第13号古墳	高崎市乗附町御部入	借用書
なし	高崎　御部入第14号古墳	高崎市乗附町御部入	実測図、調査記録
なし	高崎　御部入第15号古墳	高崎市乗附町御部入	実測図、調査記録
なし	高崎　御部入第16号古墳	高崎市乗附町御部入	実測図、調査記録
なし	高崎　御部入第17号古墳	高崎市乗附町御部入	実測図、調査記録
なし	高崎　御部入第18号古墳	高崎市乗附町御部入	実測図、調査記録
なし	高崎　御部入第19号古墳	高崎市乗附町御部入	実測図、調査記録
なし	高崎　御部入第20号古墳	高崎市乗附町御部入	実測図、調査記録
なし	高崎　御部入第21号古墳	高崎市乗附町御部入	なし
なし	高崎　土合一号墳　（土合二号墳、南八幡古墳）	高崎市山名町字土合	実測図、調査記録
なし	高崎　若宮A号墳	高崎市八幡原町若宮2028・2029	実測図、調査記録
33－1	松井田　熊野神社	碓氷郡松井田町	調査記録、拓本
33－2	松井田　上増田上原縄文土器使用住居跡	碓氷郡松井田町	実測図
33－4	細野村　縄文遺跡	碓氷郡松井田町	なし

33.5－0.2	松井田町調査	碓氷郡松井田町	実測図、関連資料
33.5－1	松井田　八幡宮	碓氷郡松井田町	実測図、拓本
33.5－2	松井田　不動寺	碓氷郡松井田町	実測図、拓本、写真
33－7	松井田　二本松　上代墳墓	碓氷郡松井田町	なし
34－4	後閑村調査	安中市	拓本、調査記録、写真
34.6－0.3	秋間村古墳調査	安中市	地図、実測図
34.6－1	（秋間）万福原古墳	安中市下秋間字万福	実測図
34.6－2	（秋間）磯貝塚古墳	安中市	実測図、関連資料
34－8	（原市）簗瀬二子塚古墳	安中市簗瀬字八幡平	実測図
34－9	秋間　八重巻窯跡	安中市下秋間字八重巻	実測図、拓本
34－10	安中　鷺宮遺跡	安中市	実測図
34－11	安中　簗瀬縄文炉跡	安中市	実測図
34－18	安中　バイパス工事調査	安中市安中町上野尻	実測図、調査記録
34.0－12	上毛古墳綜覧　秋間村七号墳	安中市	実測図
34.0－13	上毛古墳綜覧　安中町14号墳	安中市	実測図、調査記録
34.0－14	上毛古墳綜覧　岩野谷村50号墳	安中市	実図、関連資料
32.1－6－3	（秋間）二軒茶屋古墳	安中市西上秋間字上原	実測図、調査記録
34.7－1	安中　須恵器出土地	安中市	なし
34.7－2	秋間村　資料探訪	安中市	拓本、関連資料、写真
34.7－5	東横野村調査	安中市	写真、実測図
41.1	上毛古墳綜覧　小野上村第5号墳（小野子古墳）	北群馬郡小野上村	実測図
41.1－2	小野上　小野子遺跡	北群馬郡小野上村	実測図
41.2－1－0	子持　空恵寺	北群馬郡子持村	写真
41.2－1－2	子持　子持神社	北群馬郡子持村	写真
41.2－2－0	子持　隻林寺	北群馬郡子持村	写真
41.2－3－1	（白郷井）伊熊古墳	北群馬郡子持村村上白井字宇津野	実測図、写真
41.2－3－2	上毛古墳綜覧　白郷井村第5号有瀬Ⅰ号古墳	北群馬郡子持村上白井有瀬2726	実測図、写真、調査記録
41.2－3－3	有瀬第Ⅱ号古墳	北群馬郡子持村上白井有瀬2726	実測図、調査記録
41.2－4	（長尾）白井城北廓中世墳墓	北群馬郡子持村	実測図
41.2－5	子持　白郷井中学校々庭遺跡	北群馬郡子持村上白井2569	実測図
41.2－6	子持　舘野遺跡	北群馬郡子持村中郷字館野	実測図、調査記録
41.3－1	（北群馬）伊香保金太夫旅館遺跡	北群馬郡伊香保町	実測図
41.4－1	吉岡　十石塚		実測図
41.4－2－1	吉岡　南下A号古墳	北群馬郡吉岡町南下	実測図
41.4－2－2	吉岡　南下B号古墳	北群馬郡吉岡町南下	実測図
41.4－2－3	吉岡　南下C号古墳	北群馬郡吉岡町南下	実測図、調査記録
41.4－2－4	吉岡　南下D号古墳	北群馬郡吉岡町南下	実測図、調査記録
41.5－2－1	（桃井）高塚古墳　―第一次―	北群馬郡榛東村新井	実測図、調査記録
41.5－2－2	（北群馬）高塚古墳第3次	北群馬郡榛東村新井	実測図、調査記録、写真

箱番号	箱名称	所在地	資料名
41.5－2－3	（北群馬）高塚古墳第3次調査	北群馬郡榛東村新井	実測図、調査記録
41.5－2－4	（北群馬）高塚古墳第3次調査	北群馬郡榛東村新井	実測図
41.5－3	（桃井）馬頭塚古墳	北群馬郡榛東村	実測図
41.5－4	（桃井）柿ノ木坂古墳	北群馬郡榛東村	実測図、調査記録、写真
42－1	渋川市空蔵塚古墳	渋川市北原123	実測図、写真、調査記録
42－3	（金島）金井古墳	渋川市金井字上之平	実測図、調査記録
42－4	渋川石原土師器実測図	渋川市	実測図
42.5－0.3	渋川市八幡宮	渋川市	実測図、写真
42.5－1	渋川八幡宮 本殿―平面・小屋組―	渋川市	実測図、調査記録
42.5－2	渋川八幡宮本殿―立面―	渋川市	実測図
42.5－3	渋川八幡宮調査拓本	渋川市	拓本
42－6	（渋川）十二山古墳	渋川市中村196	実測図、調査記録
42－8	渋川真下塚	渋川市	実測図、調査記録
42－9	渋川 かねずか古墳	渋川市入沢227	実測図、調査記録
42－10－1－2	渋川東町古墳	渋川市東町2001の4	調査記録
42－10－2	渋川東町古墳	渋川市東町2001の4	実測図、調査記録
42－11	渋川坂下町バイパス脇古墳	渋川市坂下町	実測図、調査記録
42－12	渋川坂下古墳	渋川市坂下町	調査記録
?	渋川坂下古墳	渋川市坂下町	実測図
43－4	長野原 林縄文住居跡	吾妻郡長野原町林	実測図、調査記録
43.1－2	嬬恋 とっくり穴洞穴遺跡	吾妻郡嬬恋村干俣熊四郎山国有林80林班	実測図、調査記録
43.2－1－0	六合 熊倉遺跡	吾妻郡六合村入山字松岩	実測図、調査記録
43.2－1－1	六合 熊倉遺跡第一号住居跡	吾妻郡六合村入山字松岩	実測図
43.2－1－2	六合 熊倉遺跡第二号住居跡	吾妻郡六合村入山字松岩	実測図
43.2－1－3	六合 熊倉遺跡第三号住居跡	吾妻郡六合村入山字松岩	実測図
43.2－1－4	六合 熊倉遺跡第四号住居跡	吾妻郡六合村入山字松岩	実測図
43.2－1－5	六合 熊倉遺跡第五号住居跡	吾妻郡六合村入山字松岩	実測図
なし	六合村 広地縄文	吾妻郡六合村赤岩字大平	実測図、調査記録
43.3－1	（長野原）常林寺経筒	吾妻郡長野原町	実測図、拓本
43.3－2	長野原 勘場木縄文住居跡	吾妻郡長野原町大字大津字勘場木	実測図、写真
43.3－3	長野原 川原場縄文遺跡	吾妻郡長野原町	実測図、関連資料
43.4－1	坂上村遺跡	吾妻郡吾妻町	拓本
43.4－3	（岩島）鳥頭神社疫家文書	吾妻郡吾妻町	古文書（写し）、写真
43.5－1	澤田 有笠山遺跡	吾妻郡中之条町上沢渡字牧場	実測図、調査記録、写真

43.5－2	中之條　石ノ塔古墳	吾妻郡中之条町中之条	実測図
43.4－6	吾妻町　大宮厳鼓神社	吾妻郡吾妻町	実測図
43.9－4－1.4	吾妻　四戸Ⅰ号古墳	吾妻郡吾妻町三島字四戸	実測図、調査記録
43.4－9－2	吾妻　四戸Ⅱ号古墳	吾妻郡吾妻町三島字四戸	実測図、調査記録
43.4－9－3	吾妻　四戸Ⅲ号古墳	吾妻郡吾妻町三島字四戸	実測図、調査記録
43.4－9－4	吾妻　四戸Ⅳ号古墳	吾妻郡吾妻町三島字四戸	実測図、調査記録
44.1－1	（新治）須川泰寧寺	吾妻郡吾妻町	実測図、拓本、写真
44.1－2	（新治）猿ヶ京関所跡	吾妻郡吾妻町	実測図、写真、古文書、古文書(写し)
44.1－4	新治　下新田古図	吾妻郡吾妻町	古図
44.2－1	桃野　上津遺跡	利根郡水上町	実測図、関連資料、写真、調査記録
44.2－2－0.7	桃野　塚原古墳群	利根郡月夜野町上津塚原	実測図、目録、地籍図
44.2－2－1	水口山古墳　上毛古墳綜覧　桃野村第1号	利根郡月夜野町	実測図
44.2－2－3	深澤塚古墳　上毛古墳綜覧　桃野村第3号	利根郡月夜野町	実測図
44.2－2－3	馬場塚古墳　上毛古墳綜覧　桃野村第2号	利根郡月夜野町	実測図
44.2－2－4	道西塚古墳　上毛古墳綜覧　桃野村第6号	利根郡月夜野町	実測図
44.2－2－5	楓塚古墳　上毛古墳綜覧　桃野村第7号	利根郡月夜野町	実測図
44.2－2－6	不動塚古墳　上毛古墳綜覧　桃野村第19号	利根郡月夜野町	実測図、目録
44.2－2－7	櫻塚古墳　上毛古墳綜覧　桃野村第22号	利根郡月夜野町	実測図、関連資料
44.3－1	水上乾田縄文住居跡	利根郡水上町	実測図、関連資料、写真、調査記録
44.3－2	谷川岳山頂遺跡	利根郡水上町	関連資料
44.3－3	水上石器時代住居跡	利根郡水上町	実測、写真
44.5－1	川場村資料議査	利根郡川場村	実測図、写真、調査記録
44.6－2	（利根）摺渕縄文遺跡	利根郡片品村	実測図
44.6－2	片品・築地縄文遺跡	利根郡片品村築地98	実測図、調査記録
44.8－2	久呂保村調査	利根郡昭和村	実測図、調査記録、地籍図
44.8－3	（久呂保）久呂保中学裏古墳	利根郡昭和村	実測図、地籍図
44.8－4	（利根）糸井中世古墓	利根郡昭和村	実測図、写真、拓本、関連資料
45－1	池田村遺跡調査	沼田市	実測図、調査カード
45－2	川田村資料	沼田市	実測図、写真、調査カード
45－3	沼田町調査	沼田市	写真、拓本、調査カード
45－5	沼田薄根中学校々庭遺跡	沼田市	写真

箱番号	箱名称	所在地	資料名
45.6－0.6	(池田) 奈良古墳群	沼田市奈良字八幡平字大平	調査記録、調査カード
45.6－1	(池田) 奈長(ヤ)号古墳	沼田市奈良字八幡平字大平	実測図
45.6－2	(池田) 奈良(イ)号古墳	沼田市奈良字八幡平字大平	実測図
45.6－3	(池田) 奈良(ワ)号古墳	沼田市奈良字八幡平字大平	実測図、写真
45.6－4	(池田) 奈良(ソ)号古墳	沼田市奈良字八幡平字大平	実測図
45.6－5	(池田) 奈良(カ)号古墳	沼田市奈良字八幡平字大平	実測図
45.6－6	(池田) 奈良(ヲ)号古墳	沼田市奈良字八幡平字大平	実測図
51.1－0	吉井　多胡古墳群	多野郡吉井町	実測図、調査記録
51.1－1	吉井　多胡碑	多野郡吉井町池字御門	実測図、拓本
51.1－2	(入野) 馬庭伊勢山古墳	多野郡金井町	実測図
41.1－4－0.3	吉　入野遺跡調査	多野郡吉井町石神	実測図
51.1－4－1	吉井　入野遺跡　住居跡1号〜10号	多野郡金井町石神	実測図、調査記録
51.1－4－2	吉井　入野遺跡　住居跡11－17号	多野郡吉井町石神	実測図
51.1－4－3	吉井　入野遺跡　遺物	多野郡吉井町石神	実測図
51.1－7－3	(多胡) 薬師塚古墳　上毛古墳綜覧吉井町第一号墳	多野郡金井町	実測図
51.2－1	多野郡中里村古地図	多野郡中里村	古地図、古文書
51.2－4	中里　神ヶ原縄文遺跡	多野郡中里村神ヶ原字原4	実測図、調査記録、地形図
51.3－1	万場　相原遺跡	多野郡万場町	実測図、拓本、調査カード
51.4－1	(美原) 譲原遺跡	多野郡鬼石町中譲原	実測図
51.4－2	鬼石　般若浄土院浄法寺	多野郡鬼石町	調査記録
52.1－1	本郷　埴輪窯跡	藤岡市本郷字塚原	実測図、調査記録、写真
52.1－2－1	(美九里) 神田A号　上毛古墳綜覧　美九里村第147号	藤岡市神田宿1239	実測図、写真
52.1－2－2	神田B号墳　上毛古墳綜覧　美九里村第155号	藤岡市美九里字神田	なし
52.1－3－0.9	(平井) 白石古墳群	藤岡市上落合白石	実測図、調査記録、写真
52.1－3－1	(平井) 白石古墳群外形実測図	藤岡市上落合白石	実測図、調査記録
52.1－3－2	(平井) 猿田古墳　上毛古墳綜覧，平井村517古墳	藤岡市白石字猿田	実測図、調査記録
52.1－3－3	(平井) 白石堀越塚古墳	藤岡市	実測図
52.1－3－4	(平井) 白石萩原塚古墳	藤岡市	実測図
52.1－3－5	(平井) 白石佐平塚古墳	藤岡市	実測図
52.1－3－6	(平井) 白石江原塚古墳	藤岡市白石字洞	実測図
52.1－3－7	(平井) 皇塚古墳	多野郡平井村三木	実測図

52.1-3-8	(平井)喜蔵塚古墳	藤岡市白石	実測図
52.1-3-9	(平井)平井鏡塚	藤岡市	実測図
52.1-3-10	(美九里)御伊勢塚古墳 上毛古墳綜覧 平井村第56号	藤岡市	実測図
52.1-4	(美九里)美九里西小古墳	藤岡市神田字塚間	測図
52.1-5-0.4	(美土里)小林古墳群	藤岡市小林、本郷、根岸	実測図、調査記録
52.1-5-1	小林A号古墳 上毛古墳綜覧 美九里村第78号	藤岡市小林、本郷、根岸	実測図、関連資料
52.1-5-2	藤岡 小林B号古墳	藤岡市小林、本郷、根岸	実測図、関連資料
52.1-5-3	藤岡 小林C号古墳	藤岡市小林、本郷、根岸	実測図、関連資料
52.1-5-4	藤岡 小林D号古墳	藤岡市小林、本郷、根岸	実測図、関連資料
52.1-6-0.4	(美土里)三本木古墳群	藤岡市三本木字三本木	写真、調査記録、実測図
52.1-6-1	三本木A号古墳 上毛古墳綜覧 美土里村記載漏	藤岡市	実測図、調査記録
52.1-6-2	藤岡 三本木A号東古墳	藤岡市	調査記録
52.1-6-3	藤岡 三本木B号古墳	藤岡市	調査記録
52.1-6-4	三本木C号古墳	藤岡市	実測図、調査記録
52.1-7-1	(美土里)稲荷塚古墳 上毛古墳塾覧 美土里村第81号墳	藤岡市	実測図
52.2-1	藤岡 鮭塚須恵器単独出土地	藤岡市	調査記録
52.2-2	神流 立石寺	藤岡市	写真
52.2-3	藤岡 一行寺	藤岡	拓本
52.2-4	(神流)戸塚古墳群	藤岡市	実測図
52.2-5	(美土里)藤岡塚原古墳群	藤岡市小林字塚原	から
53.3-1-0.4	妙義神社	甘楽郡妙義町妙義	実測図、写真、関連資料
53.3-1-1	妙義神社本殿―平面―	甘楽郡妙義町妙義	実測図
53.3-1-2	妙義神社本殿―立面―	甘楽郡妙義町妙義	実測図
53.3-1-3	妙義神社唐門	甘楽郡妙義町妙義	実測図
53.3-1-4	妙義神社附属建造物	甘楽郡妙義町妙義	実測図
53.4-1	秋畑中学校庭遺跡	甘楽郡甘楽町	関連資料、写真
53.4-2	(新屋)這石法華経紀念	甘楽郡甘楽町	調査記録、拓本
54.1-1	貫前神社	富岡市	写真、絵図
54.1-2	富岡町採訪	富岡市	実測図、写真
54.1-3	富岡 七日市採訪	富岡市	写真、拓本
54-5	富岡 御三社古墳	富岡市	実測図、写真
	小林古墳群	藤岡市小林、根岸、本郷	実測図
	富岡高校校庭古墳	富岡市	実測図
	千江田稲荷塚古墳	邑楽郡明和村斗合右字稲荷塚	実測図
54-6	富岡 はつたいりよう古墳	富岡市	実測図、拓本
54-8	(高瀬)井戸澤採訪	富岡市	なし
なし	行塚古墳		実測図、調査記録

箱　番　号	箱　名　称	所　在　地	資　料　名
なし	空沢　大林遺跡	勢多郡粕川村空沢大林	実測図
62－1	（館林）館林市史関係書類	館林市	なし
62－2	（館林）伝右衛門遺跡	館林市成島町伝右エ門	実測図、調査記録
62－3	（多々良）天神二子古墳　上毛古墳綜覧　多々良村第4号古墳	館林市高根字寺内103の23	実測図、調査記録、関連資料

2．円筒収納資料

群馬・栃木・埼玉県古墳分布図―墨入図		分布図
下谷A号	佐波郡東村小保方字下谷3899	実測図
洞山古墳	佐波郡赤堀町五目牛字北通116	？
なし（鏡手塚古墳）	勢多郡粕川村月田字富士宮甲	？
渋川市渋川坂下古墳	渋川市坂下町	？
なし（御富士山コピー）	伊勢崎市安堀町	？
富士山古墳(古墳綜覧、旧佐波郡三郷村100号)	伊勢崎市安堀町	？
なし（芝根1号古墳）	佐波郡玉村町下茂下	トレース図
観音塚古墳墳丘鉛筆トレース	高崎市八幡町	実測図
観音塚古墳出土品図面	〃	実測図
田向井古墳群（1、2、3、4、6号）石室墨入図	赤堀町	トレース図
なし（渋川東町）	渋川市	トレース図

尾崎博士調査収集考古遺物の意義

右 島 和 夫

1 はじめに

　群馬大学所蔵の尾崎喜左雄（以下、記述の客観性を重視する立場から敬称は省略する）調査収集考古遺物は、主として第2次世界大戦終了後に当たる昭和21年から昭和45年（尾崎の群馬大学退職年）までの間、群馬師範学校及び群馬大学に籍を置いて、群馬県内各地で発掘調査した際の出土資料が中核をなしている。調査した遺跡の数は、確認し得た限りでは、実に約270遺跡（古墳は1基ずつを単位として数えている）にのぼる。各遺跡の調査年月日をたどると、大学の中・長期休みの期間は、ほとんど調査を行っていたと言ってもよいほどである。当時、県あるいは市町村教育委員会では、埋蔵文化財調査に従事する専門職員が常駐する体制は取られていなかった[1]ので、緊急的な調査に対応する役割も大学に期待されていたことがこの多さに繋がっている。それゆえ、ある意味では、この数は、当時群馬県地域で実施された遺跡の発掘調査の大半を占めていると言っても過言ではない。このこともまた、当考古遺物の重要性に繋がるものである。

　調査遺跡を内容によって分類すると、縄文遺跡21、弥生遺跡13、古墳198基、土師遺跡（古墳時代〜古代の集落遺跡）28、その他7遺跡となる。古墳の調査が圧倒的であることがわかる。当然、調査収集考古遺物の中で、古墳資料の占める割合が極めて高くなっている。このことは、尾崎の主要研究テーマが古墳を通して上野地域の古代史を再構成する点にあった[2]こと、また当地域が全国的にも質量ともに古墳の充実した地域であることが関係していると考えられる。

　発掘調査以外で収集された資料の多さも注意しておく必要がある。それらは、尾崎や史学研究室に属していた学生が、度重なる遺跡踏査によって採集した遺物や一般県民から持ち込まれた遺物等である。地域の景観が豹変してしまった現在においては、採集地点がわかる各種遺物は、地域の歴史傾向を把握していく上では、十分意味を有するものである。

　これとは別に、遺跡の破壊が進行しているとの情報を得て、現地に急いで赴き、簡単なメモを取る程度で出土遺物を採集してきたようなケースに属する資料も多くにのぼる。これらは、本格的な発掘調査は経てはいないが、出土地点が確実に特定できることから、発掘調査資料に続いて資料的価値の高いものである。これに該当する資料はとりわけ古墳資料に多い。

　当考古資料を構成する諸遺物は、どれを取っても極めて重要な意義を有するものであることは言うまでもないところである。そのような中で、特に今日においても資料的意義が非常に大きいのは、古墳出土遺物であろう。考古遺物の中で、最も重要な資料上の観点は、遺構（例えば、住居跡・井戸跡・道路跡などは「遺構」、それら諸遺構から構成されるムラ＝集落が「遺跡」である。古墳も「遺構」であり、複数の古墳から構成される古墳群＝墓地が「遺跡」ということになる。）と遺物の同時性の問題である。例えば、竪穴住居跡から出土する多量の土器・石器には、この住居跡に住んでいた人たちが使用していたモノとそれ以外のモノがある。住居が廃絶し、建築材が朽ちた後に残った竪穴に転がり込んだり、ゴミ穴的な再利用により棄てられた土器・石器も含まれているからである。厳密な調査によって両者を区分していく検討作業が必要であるが、今となっては困難を伴う。

　古墳の場合、墳墓といった遺構の性格上から、1基の古墳から出土する諸遺物は、基本的にはその古墳に直接伴う同時性を有するものとして間違いない。それゆえ、このことを前提にして、出土遺物の分析を積み重ねていくことにより、古墳研究あるいは上野地域、東国、さらには日本列島の古墳時代解明

の新機軸を開いていける可能性も十分秘めていると言える。

　群馬県の地域では、昭和10年の段階で、かなり精度の高い古墳分布調査が実施され、その成果は『上毛古墳綜覧』[3]（以下『綜覧』と略称）にまとめられている。その際に数え上げられた古墳の総数は、8423基であった。その後、『綜覧』には未登載の古墳が新たに発見されたケースも少なくない。本来は1万2千基以上に達していたのではないかと推測されている。これらのうち前方後円墳のような大型古墳は一握りであり、大半は直径が10ないし20mほどの円墳である。

　これらの古墳の所在地を見ると、平野部とこれに面する台地、丘陵部が大半である。多くは畑地や雑木林の中にぽこぽこと密集して存在するような状況であった。ところが、戦後の食糧増産政策に伴う農地拡大の流れの中で、畑地の中にある古墳は削平され、新たな開墾により雑木林の中にあった古墳は、林もろとも消滅していった。さらに、昭和40年代以降の高度経済成長がもたらした列島改造は、残る古墳の消滅を加速した。現在いったい何基ぐらいの古墳が現存しているのかというと、実際に数え上げた事例はないが、おそらく2千基にも満たないのではないか、否1千基にこよなく近づいているのではないかと予測されるところである。最近では、消滅の憂き目に遭う古墳については、行政的な調整によって保護されるか、やむを得ない場合にも必ず発掘調査が行われるようになっている。しかし、かつては調査を経ずに消滅してしまった古墳が圧倒的に多い。群馬大学で発掘調査した古墳は198基と、未調査のままに消滅したであろう古墳の数にくらべれば、あまりにも僅かである。逆に、それだけになおさら、これらの古墳資料の有する意義は大きいのである。

　古墳以外の資料のうち、縄文・弥生・土師の集落に関わる資料については、最近では資料を取り巻く研究状況が一変した。近年の平地の広域的な開発に先だって、集落等の存在が推測される広大な遺跡地が全面的に調査されるようになったからである。

　例えば、群馬大学が調査した頃の縄文遺跡の調査は、住居跡1軒、多くても2、3軒を検出する程度であった。ところが近年の調査では、10軒、20軒、多いときには100軒、200軒にも達する。また、調査件数も大幅に増加している。当然、研究視点も激変したと言ってよい。それでは、群馬大学所蔵の縄文遺物が意味をなさないかと言えば、そのようなことはまったくない。中には、伊勢崎市八坂遺跡のように群馬県では調査事例の極めて少ない縄文後・晩期の資料もあり、縄文時代研究上欠くことのできない資料となっている。この他の場合も、調査規模は小さいとはいえ、その地点の調査は一回限りのものであることには変わりはなく、その後の大規模調査の資料を補完する役割は十分果たせる。

　弥生・土師関係の集落遺跡あるいは古代（飛鳥・奈良・平安）以降の各種遺跡調査資料も、大なり小なり縄文資料の場合と同様、その資料的価値は十分ある。

　ところで、これら考古遺物全体を通して、その分類、注記（遺物の端に遺跡・遺構名を記す）等の初歩的な作業までは済んでいるものが大半である。しかし、接合・復元作業、さらには実測・写真撮影等の、もう一歩踏み込んだ作業が実施されているものは極めて少ない。この作業を経ることによって、個々の資料の特徴を正確に把握することが可能になり、ひいては遺跡の理解や地域の歴史特性の再認識に繋げることができる。適切な基礎作業を経るならば、これら考古遺物の蔵している資料的可能性は計り知れないものがあると言えよう。また、この一連の基礎作業を実施して資料データを公開していくことにより学界、ひいては社会一般に大きな利益をもたらすことは確実である。

　以下、縄文時代から順を追って、各時代ごとの当考古遺物の特徴について具体的に見て行きたい。その際、前述したように、遺物全体の中で中核部分を占め、資料的重要性もより高い古墳遺物については、特にページを割くこととしたい。

2 調査考古遺物の諸特徴

(1) 縄 文

　縄文時代に属する遺物は、群馬県地域の中・西部、北部に所在する遺跡資料が主体をなしている。このことは、大勢としては、このあと順次取り上げる縄文以外の各時代の諸遺物についても共通する傾向である。群馬大学が前橋市に所在した関係で、日常的にフィールドワークを可能にする範囲が、自ずから近縁の地域に収斂されてきたのであろう。また、当該地域に、縄文遺跡が濃密に分布していることももちろん関係していよう。

　確認し得た限りでは、発掘調査遺跡として21遺跡があげられる。主な遺跡とその概要を列記してみると、以下の通りである。

　勢多郡宮城村**市之関遺跡**は昭和29年に調査が実施されており、比較的早い時期の本格的な調査事例で、縄文時代前期に属する関山式段階の竪穴住居跡1軒の調査であった。正式の調査報告書も発刊されている[4]。これ以外で正式の調査報告書が発刊されているのは、勢多郡北橘村の**小室遺跡**である。後期初頭(称名寺式)の敷石住居1軒が調査された。その後、県史跡に指定され、現地は整備公開されている。

　現在においても調査の及ぼされる機会が極めて少ない地域に関わる以下の調査資料も貴重である。多野郡上野村の**新羽今井平遺跡**は神流川上流で、上野村でも最も長野県寄りの地にあり、縄文前期末(諸磯C式)の竪穴住居1軒が調査された。これより先にある十石峠を介して長野県側との交流がうかがえる興味深い資料である。同様に、吾妻郡六合村**広池遺跡**、勢多郡東村**黒坂石遺跡**、多野郡万場町**青梨洞窟遺跡**等の資料も貴重である。

　次に、前述した伊勢崎市の**八坂遺跡**は、縄文後・晩期に属する遺跡で、付近一帯に密度の高い土器・石器分布域があることは早くから知られていたが、発掘調査が行われたのは、昭和44、47年の2回で、トレンチ調査であったが、大量の遺物(土器・石器・獣骨類等)が出土している。当地域の後・晩期を考える上で欠くことのできない資料である。

　群馬県の最東端に近い邑楽郡板倉町の**海老瀬北貝塚遺跡**からは、前期の土器とともに土製品、石器、貝類等が出土している。いわゆる縄文海進を考える上で良好な資料である。

　この他、群馬郡箕郷町**箕郷城山遺跡**、同**中善地遺跡**の中期前半を中心とした集落跡の調査資料に比較的まとまりがある。

　なお、縄文遺物の場合、遺跡踏査により県内各地で採集した遺物が、他の時代の遺物にくらべて特に多くにのぼる。縄文研究においては、丹念なフィールドワークと散布する土器・石器の表面採集から詳細な分布傾向を調べていくことが欠くことのできない基礎作業となっていたからである。

(2) 弥 生

　弥生時代に属する遺物はそれほど多くにのぼらない。前述したように集落関係の遺跡の調査事例が非常に少なかったからである。発掘調査遺跡は12遺跡である。主として利根川以西の西毛地域に属するものが中心で、わずかに赤城山南麓と吾妻地域のものが加わる。この偏りは、群馬県地域の弥生遺跡の分布密度の傾向を反映していると言える。調査の規模も小さいので、遺跡の全容がわかるような資料は少ない。そのような中でいくつかの注目される資料もある。

　勢多郡大胡町の**大胡金丸遺跡**は赤城山の中腹に近い地点の遺跡で、中期前半に属する土器群が出土している。遺跡の性格解明は不十分であったが、再葬墓に関わる土器群の可能性もある。

　同じ赤城山の南麓に当たる前橋市荒口町の**荒口前原遺跡**は中期後半の竪穴住居1軒の調査である。赤城山南麓の地域では、現在までのところ中期後半から後期にかけての遺跡はほとんど調査されていないので、基準の土器資料として貴重である。

吾妻郡中之条町の西方にある有笠山（884m）の奥深い中腹にある**有笠山岩陰遺跡**は中期後半の生活遺跡である。付近には同様の岩陰地形が多く存在することから他にも同種の遺跡が存在する可能性を示唆する。

　最も調査遺跡が多いのは高崎市域で、6遺跡ある。この地域が本県屈指の弥生遺跡密集地帯であることと関係していることは明らかである。**競馬場遺跡、浜尻遺跡**が中期後半、**乗附弥生遺跡、巾遺跡、井野天神遺跡、剣崎遺跡**が後期に属している。いずれも市街地化された部分か、あるいは郊外の場合も住宅地化してしまっている地域にあり、今後それぞれの周辺一帯が調査されることはほとんどないので資料として貴重である。

(3) 古墳

　尾崎が群馬県地域で調査した古墳を、市・郡別に整理すると次表の通りである。ここには、発掘調査に加えて、参考のために、墳丘・石室の測量調査のみを実施した事例や消滅しそうになっている古墳の現地におもむき、略測・遺物採集等を行った簡易な実査の事例も併せて掲載した[6]。調査古墳が特に多いのは、市域では前橋・高崎・伊勢崎・太田市で、藤岡・渋川市がこれに続く。郡域では、勢多・佐波郡が非常に多く、両郡から大きく離れて北群馬郡が続く。前にも述べたが、その多寡には、群馬大学が前橋市に所在した地理的条件が大きく影響していよう。当時は、平常時に出掛けて調査する機会も多かったからである。また、遺跡情報が頻繁に得られるのも近隣の地域からであったと思われる。と同時にこれらの地域が、県内でも古墳の密集地帯として知られていることも背景としてあげる必要があろう。

　件数に差はあるものの、調査は県内のほぼ全域に及んでいたことが注目される。このことは、当時県内各地の学校で活躍していた群馬大学の卒業生からもたらされる遺跡情報と調査の際の全面的な協力があったことが大きい。

群馬大学調査古墳市群別一覧

	前橋	勢多	高崎	群馬	渋川	北群馬	藤岡	多野	富岡	甘楽	安中	碓氷	吾妻	沼田	利根	伊勢崎	佐波	太田	新田	桐生	山田	館林	邑楽	合計
発掘件数	19	18	41	3	12	4	13	3	1	0	1		6	6	1	8	45	13	1	1		1	1	198
実査件数	12	3	4	5			3			4	1	4			3	7	1	1	1				2	51
実測件数	8	9	12	2	1	4	7	2			3						6	1	2	1	2			111
合　計	39	30	57	10	13	8	23	5	1	4	5	4	6	9		17	10	48	15	3	1		1	3	360

　調査された古墳の大半は、後・終末期に属する横穴式古墳であり、多くは中小規模の円墳である。おそらく、全古墳の中で、この種の古墳が圧倒的な数を占めていたことは間違いない。このことが、尾崎の当該時期を中核に据えた古墳研究のテーマ設定にも繋がっていったと言えよう。当然、群馬大学所蔵遺物に占める後・終末期の古墳遺物が圧倒的な量にのぼることになる。もちろん、数こそ少ないが、前・中期に属する古墳資料の中には、注目される資料が多く含まれている。

　ここでは、古い方から時期を追って主要な資料を見ていくことにしたい[7]。なお便宜的に、前期：3世紀後半〜4世紀後半、中期：4世紀末葉〜5世紀中葉、後期：5世紀後半〜6世紀末葉、終末期：7世紀前半〜7世紀末葉に区分して記述することとする。

前期　この時期に属する調査資料は、3基である。

　前橋市朝倉町の**朝倉II号古墳**（円墳、径23m。以下mは省略）は、同期の前方後方墳前橋八幡山古墳（墳丘長130）、前方後円墳前橋天神山古墳（126）に近接している。墳丘及び主体部の調査が実施され、墳頂部から転落したと思われる土師器（壺、坩）と主体部の粘土槨から比較的豊富な鉄製品（剣3、直刀1、刀子1、斧1、鎌1、鏃多数）が出土している。時期的には天神山に並行し、これに準ずる支配者層の古墳と考えられる。

太田市牛沢の**朝子塚古墳**（前方後円、123）は、東毛地区では最大級の前方後円墳で、墳丘調査が行われた。その結果、墳丘裾部全体と前方部上面で埴輪列が確認され、さらに後円部墳頂からは、平行して設置された2基の主体部のそれぞれを長方形に区画する埴輪列と縁辺部をめぐる列が確認された。調査後、埴輪列ともども埋め戻したため、取り上げた量は多くはないが、器台形円筒埴輪の一種と考えられるもの、器財埴輪類、底部穿孔壺形埴輪等の存在が知られており、群馬県地域における初現期の代表的な埴輪資料となっている。

　佐波郡玉村町の**芝根7号古墳**（第1次は不明、第2次は前方後円）は、前期の中型古墳を6世紀後半に横穴式古墳として再利用したものである。両時期の遺構がどのような関係にあるのかは不分明な点もあるが、横穴式石室構築時に前期の主体部が破壊されたらしく、その際表れたと思われる三角縁神獣鏡1面が横穴式石室の背後に再埋置された状態で出土した。いわゆる舶載鏡とされている一群に属するもので、「君・宜・高・官・獣文帯四神四獣鏡」に分類されている。新旧の2相の埴輪の存在も重要である。特に前期に属する一群は古墳の時期決定の手掛かりとなるものであり、また出現期の埴輪の様相を知る上でも重要である。なお、墳丘裾部に重複して時期的にさかのぼる前期の竪穴住居1軒が調査されており、住居出土土器資料（壺・台付甕・坩・小型坩・小型坏等）が古墳の年代上限を画するカギとなっている。

中期　該期の調査古墳も少ない。中でもまず注目されるのは、太田市の**宝泉茶臼山古墳**（前方後円、164.5）である。4世紀末葉ないし5世紀初頭に当たる中期初頭に属するもので、この時期としては東毛地区最大である。調査は墳丘測量が主体であったが、墳丘にわずかではあるがトレンチも入れられた。その結果、高さが1m近くあり、三角形・長方形透かしのある大型円筒埴輪が出土している。この時期の良好な埴輪資料が少ないだけに、その系譜を検討していける好資料である。

　佐波郡赤堀町五目牛にある5世紀から7世紀にかけて連綿と続く地蔵山古墳群の形成の端緒をなした5世紀中葉を前後した時期の**蕨手塚古墳**（円、37）、**達磨山古墳**（同、35）については、墳頂部にある主体部を中心に調査された。それぞれ3基の竪穴系の施設が確認されている。蕨手塚からは、鉄製刀子・鎌・斧・鏃と滑石製勾玉4・臼玉2126が、達磨山から鉄製剣・刀・鉾・鏃・鎌・斧に加えて埴輪が出土している。該期の有力古墳の調査例は少なく、しかも充実した副葬品を伴っていたことから基準資料になるものである。

後期前半（5世紀後半～同末葉）　この時期で特筆されるのは太田市鳥山にある**鶴山古墳**（前方後円、102）の主体部に伴う大量の副葬品である。現在は群馬県立歴史博物館に一括して寄託保管されているが、昭和60年から平成4年にかけて遺物の基礎調査が実施され、その成果が『群馬県立歴史博物館調査報告書』2号～7号に報告されている[8]。後円部墳頂に設けられた竪穴式石室から出土した主な副葬品を列記すれば以下の通りである。

　武器：鉄製剣1、刀5、鉾1、石突1、鉄鏃13以上、金銅製三輪玉6
　武具：小札鋲留衝角付冑1、小札鋲留眉庇付冑1、横矧板鋲留短甲2、長方板革綴短甲1、頸甲2、
　　　　肩甲2組、盾隅金具4・飾用月日貝8・漆膜片（革製盾1枚に付属したものと推測される）
　鉄製農工具類：刀子5、斧5、鎌5、鉇6以上、鑿14、針状工具3
　その他：滑石製模造品（斧1、手斧1、鎌3、刀子21）、木棺用鉄製鎹5以上
　この他に槨外遺物として鉄鏃78以上がある。

　以上、本墳から出土した副葬品等は質量ともに極めて豊富であり、5世紀第3四半期ないし第4四半期の群馬県ひいては関東地方を代表する古墳資料と位置づけることができよう。

　5世紀後半以降に顕著となる新たな流れとして、小型円墳多数からなる群集墳の登場があげられる。それ以前に古墳を造り得た階層より下位の階層にまで対象が広がっていったためである。これらの円墳の主体部は、人体ギリギリのスペースを川原石等を組み合わせて造った竪穴式小石槨で、6世紀に入ると横穴式石室へと変化していく。この5世紀後半までの古墳で構成されるものは、特に「初期群集墳」と

呼称されているが、研究上で注意に上るようになったのは近年のことである[9]。群馬大学でも、これに該当する勢多郡大胡町の**大胡5号古墳、同6号古墳、同17号古墳**、前橋市の**朝倉Ⅲ号古墳、同荒砥今井竪穴古墳**、高崎市の**大応寺石槨**等を単独で調査しているが、群としての認識は薄かった。大胡町に所在した3基については、その後大胡町教育委員会による追加調査で周囲から同種の古墳が多数確認され、都合5基の中小円墳から構成される（茂木古墳群）ことが明らかになった。概してこの種の古墳の副葬品は少量の鉄製品を伴う程度の極めて貧弱なものが多いが、6号墳からは小型銅鏡、刀子、各種玉類、滑石製模造品等、5号墳からは直刀、刀子、槍、鉄鏃、玉類等が出土しており、群全体の中でも中心的な位置を占めていたことが他の古墳との比較から明らかとなった[10]。

最近、榛名山南～東麓にかけての一帯で、朝鮮半島に直接由来が求められるような各種遺物（馬具類、装身具、土器等）を出土する5世紀後半の遺跡が集中的に発見され注目を集めている。おそらく、新たな技術を当地域にもたらした渡来系の人たちの存在を物語るものと推定される。高崎市の剣崎長瀞西古墳群や群馬郡箕郷町の谷ツ古墳、渋川市の空沢古墳群で発見された方墳及び方形積石墓は、これら渡来系集団の出自表示であった可能性が強い。

群馬大学が調査した渋川市の**東町古墳**（方墳、6.6m以上）、**同坂下町古墳群**（方墳1、方形積石墓5基）は、地域的にも、構築時期的にも、上記と同種の古墳・積石墓と考えてよい。東町古墳は2段築成で、墳頂部の縁辺と基壇面の2重に円筒列が確認されている。埴輪は円筒、朝顔形から構成されているもので、両者合わせて181個体分すべてが取り上げられている。今後の資料化が期待されるところである。

後期後半　当地域では6世紀初頭ないし前半（第1四半期）の段階に横穴式石室が中・西毛地域で広範に採用される。これに該当する数多くの古墳が調査されており、いずれの古墳からもまとまりのある遺物群が出土している。前橋市域では、**正円寺古墳**（前方後円、70）、**龍海院裏古墳**（前方後円？）がある。前者では石室がすでに盗掘を受けていたため、鉄製直刀・刀子・鏃・轡等の破片が出土したのみであったが、後者からは鉄鏃多数、挂甲小札、馬具類、鉄製鎌、滑石製小玉等、比較的まとまった副葬品を伴う。

高崎市綿貫町の**普賢寺東古墳**（円墳）は、古墳が破壊され、石室（川原石使用の袖無型石室か）と副葬品が露出した情報を得て、急遽現地で遺物を採集したのみであったが、内容的に極めて充実しており、注目される資料である。特に甲冑類と馬具類が特筆される。前者には挂甲小札、眉庇付冑片があり、後者には、鉄地金銅張f字形鏡板付轡、同雲珠、吊金具等があり、その他、直刀、鉄鏃、鉄鎌等を伴っている。

佐波郡赤堀町の**洞山古墳**（前方後円、22）も石室内から手つかずの副葬品がまとまって出土している。直刀、小刀、鉄鏃、刀子、鉄斧、各種玉類等に加えて3個の鋳銅製三鈴杏葉を含む馬具類が出土している。また、前方部前面から人物埴輪、後円部墳頂から大刀形埴輪が出土しており、該期の小型前方後円墳の埴輪配置形態を知る好例となっている。

6世紀中頃に噴火した榛名山二ツ岳の軽石層で直接埋没している古墳の調査は、尾崎の古墳研究の中核の一つになっているものであり、全国的にもよく知られている。具体的には、北群馬郡子持村の**伊熊古墳**（円、約8）、**有瀬Ⅰ号古墳**（円、7.4以上）、**有瀬Ⅱ号古墳**（円、約14）である。いずれも軽石層によって厚く覆われていたことから、当時のままの姿を完全にとどめていた。伊熊古墳の横穴式石室からは、完形の須恵器6個体（長胴壺・提瓶・甑・坏身・坏蓋・短頸壺）が直刀、刀子、鉄鏃、各種玉類とともに出土している。須恵器は、古墳の築造時期あるいは榛名山の噴火時期を具体的に追求する手掛かりとなっている。有瀬Ⅰ号古墳は3基のうちでは最も広範に墳丘の調査が行われており、墳頂及び基壇面から埴輪列が当時のままの樹立状態で発見され、その埴輪のすべてが取り上げられている。墳丘・石室構造を検討する貴重な資料であると同時に、小型古墳の埴輪資料としても好資料である。

6世紀の時期は、群馬県地域をはじめとする関東地方で最も活発に前方後円墳が築造された時期であり、その数は全国的に見ても抜きん出ている。このことは、この時期の関東地方の歴史的位置を考えて

いく上でも注意点となっている。調査資料にまとまりがあるものとしては、前述した洞山古墳に加えて、北群馬郡榛東村の**高塚古墳**（6C第2四半期、前方後円、約60）、前橋市文京町**不二山古墳**（6C後半、50）、同勝沢町**オブ塚古墳**（同、35）、勢多郡粕川村**鏡手塚古墳**（同、28以上）等がある。

高塚古墳の調査は、群馬大学による前方後円墳の調査例としては、最も本格的な調査が実施された1つである。その結果、墳丘構造の全容が解明され、埴輪配置との関係も明らかにされた。出土した埴輪は、円筒・朝顔形に加えて、器財、人物等の形象埴輪が知られている。とりわけ、挂甲を着けた武人埴輪は、造形的にも出来栄えのよいものである。

鏡手塚古墳は尾崎による最初の本格的な古墳調査である。石室内がほとんど荒らされていなかったため、多量の副葬品（直刀5、刀子5、鉄鏃約60、耳環6）が、各種埴輪（家・翳・人物・馬）とともに出土している。

不二山古墳は旧利根川の流路とされる広瀬川の右岸にある中規模前方後円墳で、横穴式石室は観音山古墳や総社二子山古墳と同様榛名山の浮石質角閃石安山岩の削石を使用している。石室内からは、直刀・鉾・鉄鏃・金環・銀環・金銅冠・各種玉類・各種馬具・須恵器・土師器が出土している。特に注目されるのは、金銅冠である。破片となって出土したため、まだ本来の形状を把握できていないが、同じ広瀬川右岸にある前橋市山王金冠塚古墳（別名山王二子山、前方後円、52）や伊勢崎市古城稲荷山古墳（前方後円、55）も金銅冠を伴っており、古墳間のあるいは朝鮮半島との関係が注目される。

同じ6世紀後半に属する大・中型円墳の調査資料にもまとまった内容を有するものが多い。勢多郡粕川村**壇塚古墳**（25）、高崎市小八木町**三本山古墳**（25）、群馬郡榛名町**シドメ塚古墳**（20）、佐波郡赤堀町**石山南古墳**（16）、桐生市**川内天王塚古墳**（前方後円の可能性もある）等がある。

壇塚古墳は鏡手塚の北側に近接しており、未盗掘と思われる石室内から、直刀・小刀・槍・鉄鏃・金糸・刀子・金環等が出土している。なお、出土埴輪のうち家形はほぼ完形に復しうるものである。

シドメ塚古墳の副葬品は、円墳に伴うものとしては、最も充実した内容である。主なものとしては、直刀・鉄鏃・各種玉類・金環・鉄環・各種馬具類（金銅製透彫杏葉・同金具・同円形金具・轡・壺鐙等）がある。特に、透彫杏葉はパルメット文をあしらった完成度の高いものである。この他、前庭部、墳丘から豊富な須恵器・土師器が埴輪とともに出土している。

一方、三本山古墳から出土した銅鋺は類例が限られる点から、石山南古墳から出土した馬形埴輪、人物（女子）埴輪や川内天王塚古墳の金銅装円頭大刀は遺存状態が良好な点から注意しておく必要があろう。

横穴式石室を主体部とする6世紀に形成された群集墳の調査もいくつか手掛けられている。中でも佐波郡玉村町の**玉村古墳群**や高崎市乗附町の**御部入古墳群**の調査が群の大半に調査が及ぶ大規模なものであった。

玉村古墳群の調査は、昭和41年から44年にかけて断続的に行われた。付近一帯の土地改良事業に伴って調査されたもので、**梨の木山古墳**（円、38）を残して他は調査後に平夷されてしまった。調査されたのは21基で、**芝根1号古墳**（前方後円）・同7号古墳（帆立貝式）を除くと他はすべて円墳であり、多くは6世紀後半に築造されたものであった。多くはすでに盗掘を受けていたため、わずかな副葬品をのこすのみであったが、芝根7号古墳、**芝根10号古墳**（萩塚）のようにまとまった副葬品を残していたものもある。

御部入古墳群の調査は、団地造成に先立って昭和42年から43年にかけて実施された。調査されたのは、小型の横穴式円墳21基であり、6世紀前半から7世紀後半にかけて形成されたことが明らかになった。多くが盗掘を受けていたため、出土品はいずれもわずかであるが、群構造の特色を解明するためには貴重な資料となっている。

この他、高崎市**下佐野古墳群**（円墳6基調査）、吾妻郡吾妻町**四戸古墳群**（円墳4基調査）、沼田市**奈**

良古墳群（円墳10基調査）、伊勢崎市茂呂町**清音古墳群**（円墳3基調査）等の群集墳の調査が行われている。四戸・奈良古墳群は現存しているが、下佐野・清音古墳群は、調査後に平夷されてしまった。

終末期 終末期に属する古墳の調査も数多く実施されているが、全体に出土遺物が少ない。このことは、一つには多くが盗掘を受けていることが背景にあるが、同時に薄葬の習が一般化し副葬品をあまり納めなくなったことも原因していると思われる。その意味では、勢多郡宮城村の**新山Ⅰ・Ⅱ号古墳**、同**白山古墳**、群馬郡群馬町**庚申B号古墳**、北群馬郡吉岡町**南下B号古墳**、安中市上秋間**崇徳山古墳**、佐波郡赤堀町**中里塚古墳**等の終末期有力円墳の出土資料は、その性格、構築時期等を具体的に検討していく上で貴重である。

宮城村の3古墳は、赤城山の中腹にあり、終末期古墳として比較的まとまった副葬品が出土した。白山古墳からは、和同開珎、蕨手刀、圭頭大刀、佐波理鋺、飛燕型鉄鏃等が出土したが、主要な遺物は国保有に帰している。新山Ⅰ号古墳からは、直刀、鉄鏃に加えて銅製鉸具1、巡方2、丸鞆2からなる鉸帯金具が出土している。また、同Ⅱ号古墳からは飛燕型鉄鏃が出土している。3古墳の出土遺物は、新たな階層性の表示に結びつくような遺物が主体となっており、古墳築造の終焉と新たな時代展開をうかがわせる点で興味深い。

庚申B号古墳、中里塚古墳は、7世紀後半から末葉にかけて、中・西毛地域に点々と確認される截石切組積石室墳に属している。これらの古墳については、地域の律令的再編成の中で、その転換に関与した在地勢力で、後の郡司階層に匹敵するものと考えられる[11]。現在までに30基ほどが確認されているが、上記2古墳のように遺物を伴うものは、意外と少ない。古墳の性格、年代を検討していく上で手掛かりとなる。

崇徳山古墳は安中市の北方の秋間丘陵を分け入った地にあり、近接して苅稲古窯跡が位置している。時期的にも両者は接近しており、直接関係していることが推測される。

(4) 土師集落（古墳～古代）

現段階では、遺物の逐一に当たって確認することができないので、いわゆる土師器を伴う住居跡から構成されるものを対象とした。該当する調査遺跡は28遺跡と多いが、調査規模は一部を除くと小規模なものである。

多野郡吉井町**入野遺跡**は、学校の校庭とその周辺に広がる古墳時代後期の集落跡で、昭和33、34年竪穴住居17軒が調査された。当時としては大規模な集落調査であり、この資料をもとに群馬県地域の土師器編年が組まれた学史に残るものであった[12]。

昭和37年の北群馬郡子持村**館野遺跡**の調査も学史上特筆されなければならないであろう。いまでこそ、群馬県地域では、火山軽石層下にパックされた古墳時代の諸遺跡（子持村黒井峯遺跡・渋川市中筋遺跡等がよく知られている）の存在は既成の事実となっているが、その先駆的な調査が館野遺跡であった。そこでは、6世紀中頃降下の榛名山二ツ岳軽石層(FP)直下から、竪穴住居跡、畑跡、祭祀跡がセットで検出された。これら生々しい諸遺構とともに遺物群が原位置で確認される群馬県地域の考古学的特殊性が強く意識された調査であった。

なお、遺物は伴わないが、同じFP層直下から検出された勢多郡赤城村宮田畦畔遺跡の水田遺構の調査（昭和36年群馬大学調査）も学史上忘れてはならないであろう。

(5) その他

ここでは、7世紀以降に属する古墳、集落以外の諸資料を取り上げる。

寺院・官衙 寺院関係では、フィールドワークによる採集資料としての瓦当資料は注意する必要がある。これには、寺院跡と窯跡の可能性がある。この種の遺跡の調査は、あまり多く行われていないので、全

県下に及ぶ採集品は貴重な情報である。

昭和37年に行われた前橋市**元総社小学校校庭遺跡**の調査では、一辺1m前後の方形の掘り方を有する大型掘立柱建物2棟が確認され、付近一帯に建物群が広がることが明らかにされた。この周辺一帯は、上野国府の推定地になっている所で、その可能性が調査により明らかとなった。

勢多郡粕川村の**宇通廃寺**は山林火災によってその存在が知られるようになり、昭和41年から43年にかけて群馬大学が調査を行い、12棟の堂塔からなる平安期の山岳寺院の様相が明らかにされた。

生産遺跡　勢多郡宮城村**片並木遺跡**は平安前期の製鉄遺跡で、製鉄炉、作業場、工人に関わる竪穴住居等が確認されている[13]。

安中市の秋間地区の瓦・須恵器窯跡の調査も重要である。昭和32年には同市下秋間の**八重巻古窯跡**で窯跡1基が調査され、多くの瓦・須恵器が出土した。本瓦窯の瓦は、7世紀中葉ないし後半の創建が指摘されている前橋市山王廃寺に供給されたことが明らかにされている。山王廃寺の調査は、昭和49年から7次にわたり実施され、その全容が明らかにされつつある。この成果と本瓦窯跡の資料を比較検討する作業が今後に課されている。

昭和40年には同市上秋間の**苅稲古窯跡**が調査され、三重弧文の軒平瓦をはじめ、7世紀後半までさかのぼる大量の瓦類が出土している。

3　おわりに

以上、群馬大学所蔵の尾崎喜左雄調査考古遺物の概要とその考古学的意義について縷々述べてきた。与えられた紙数では、その資料的重要性については到底語り尽くせないところである。

ところで、これら厖大な考古遺物の大半は、発掘調査に基づく資料である点が最も重要な点である。これら遺物の内包している資料的価値を発揮させるのは、それぞれの遺物が、どの遺跡のどの遺構のどの位置から出土したのかという調査データと合わせて検討した時である。すなわち、それぞれの遺物が時と場所を得ることによって、一定の歴史空間の中に位置を占めることができるわけである。その意味では、これら遺物に加えて、調査時に作成した測量図、写真、調査日誌等の記録類の存在が重要になってくる。幸いこれら厖大な資料も合わせて群馬大学に保管されている。これら調査記録が遺物に勝るとも劣らない重要性を持っていることがわかる。

考古学は日進月歩の学問である。尾崎の退官以降、全国の地方自治体に限無く専門の調査担当者が配置されるようになり、それまでは到底考えられなかったような件数と規模の調査が間断なく行われるようになった。それに伴い、研究が大幅に進展した。尾崎が調査した遺跡で調査資料（遺物・調査記録）を深く分析し、正式の調査報告書を刊行したものは極めて少ない[14]。当時の学界全体に「調査→資料整理→正式報告書刊行」という研究プロセスが必ずしも定着していなかったからである。研究全体が大きく進展した現段階に、これら調査資料の整理研究を実施したならば、もともと蔵している資料的価値が高いだけに、その成果は計り知れないものが期待されると言えよう。

本稿を草するに当たり、下記の方々から教示と支援を受けることができた。記して感謝申し上げる次第である。

森田悌、石川正之助、徳江秀夫、小池浩平、伊藤良、松村和男（敬称略）

註
(1) 昭和48年の群馬県教育委員会による多数の専門職員の採用を皮切りに、現在は群馬県内の大半の市町村教委に配置されるに到っている。

(2) その成果は、『横穴式古墳の研究』吉川弘文館 1966や「第二編 古代上」『前橋市史』第一巻1971をはじめとする市町村史（誌）に結実している。
(3) 『上毛古墳綜覧』群馬県史跡名勝天然記念物調査報告第5輯 1938
(4) 尾崎喜左雄・松島栄治ほか『市之関遺跡』宮城村教育委員会 1964
(5) 尾崎喜左雄・相澤貞順ほか『小室遺跡』北橘村教育委員会 1968
(6) 群馬県における古墳の調査についいては、群馬大学による調査事例も含め、『群馬県史』資料編3の巻末に要領よくまとめられており、参考になる。
(7) 群馬大学調査古墳の概要については、以下の文献等が参考になる。
『富士見村誌』1954、『南橘村誌』1955、『中川村誌』1957、『勢多郡誌』1958、『安中市誌』1964、『北群馬・渋川の歴史』1971、『岩島村誌』1971、『前橋市史』第一巻1971、『群馬県史』資料編3 1981、『渋川市誌』第2巻1993、『藤岡市史』資料編 原始古代中世1993、『沼田市史』資料編1 1995、『太田市史』通史編原始古代 1996、『高崎市史』資料編1 1999、『安中市史』資料編 2001
(8) 石川正之助・右島和夫「鶴山古墳出土遺物の基礎調査Ⅰ」、右島和夫「鶴山古墳出土遺物の基礎調査Ⅱ～Ⅵ」『群馬県立歴史博物館調査報告書』2～7号1987～91・96
(9) このことについては、右島「上野における群集墳の成立」『関西大学考古学研究室創設40周年記念考古学論叢』1993、後に右島『東国古墳時代の研究』1994所収、に詳述しておいたので参照願いたい。
(10) 山下歳信『上ノ山遺跡』大胡町教育委員会
(11) 右島「古墳から見た6、7世紀の上野地域」『国立歴史民俗博物館研究報告』44集1992、後に右島註（9）文献所収
(12) 尾崎喜左雄・井上唯雄『入野遺跡』吉井町教育委員会1959
(13) 井上唯雄『片並木遺跡』宮城村誌編集委員会1969
(14) 本註では、個々の遺跡に即してなんらかの形で報文が出されているものを列記できなかったが、註（7）の諸文献をはじめ、『群馬県史』資料編2（弥生・土師）・資料編1（旧石器・縄文）1986・88等の県市町村史（誌）に概要が掲載されている。

挿図1

1　小室遺跡敷石住居　勢多郡北橘村で昭和41年に調査された。縄文後期初頭の称名寺式期の土器が出土している。県指定史跡。

2　入野遺跡調査風景　多野郡吉井町の旧入野中学校校庭に所在し、昭和33・34年に調査された。古墳時代後期に中心を置く集落跡で、調査報告書により群馬県の土師器編年案が初めて体系的になされた学史上重要な遺跡である。

3　壺形埴輪　太田市朝子塚古墳(前方後円墳、墳丘長123m)の後円部墳頂から出土した。形は土師器壺に似るが、厚手で埴輪質を呈し、底部と体部側面に焼成前の穿孔がある。当初は円筒埴輪の上に乗せられていたと推定される。(群馬県立歴史博物館提供)

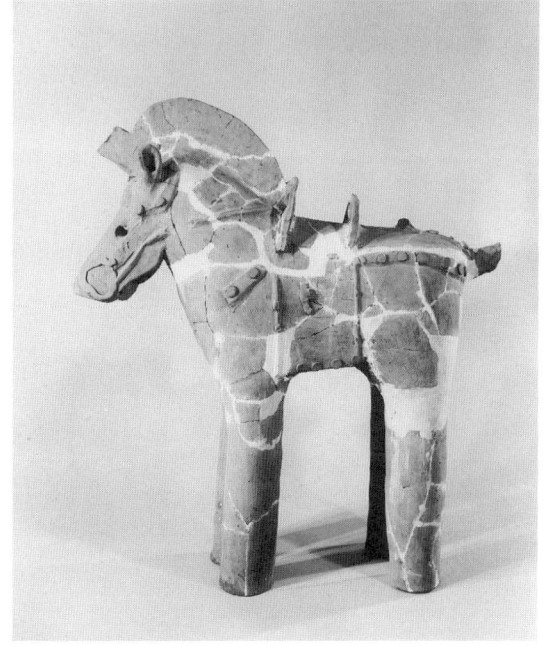

4　馬形埴輪　佐波郡赤堀町の石山南古墳(円墳、径16m)から出土。古墳は6世紀後半の群集墳中の通有の1基で、埴輪樹立が最も盛んな時期に属す。(群馬県立歴史博物館提供)

挿図2

5 　本郷埴輪窯跡　藤岡市本郷の一帯は、後期に属する大規模な埴輪窯跡群が所在し、そのうちの2基を昭和18・19年に調査した。埴輪窯跡の発掘調査例としては、最も早い時期に属するものであり、昭和19年に国史跡に指定された。遺物は、地元の土師神社に保管されている。

6 　鶴山古墳石室遺物出土状態　5世紀後半に属する太田市鶴山古墳の竪穴式石室である。向かって奥寄りに頭部が位置し、その奥側に甲冑類、両脇に刀剣類、足下に石製模造品がまとまっている。白く見える円形のものは月日貝で木棺の上に被せられていた盾に綴じ付けられていたと推定される。

7 　有瀬1号古墳調査風景　北群馬郡子持村に所在し、昭和31年に調査された。径7.4m強の小型円墳で、6世紀中葉に噴出した榛名山火山軽石層に完全に覆われていた。写真は完存する墳頂部の調査の様子で、原位置をとどめる円筒埴輪列が見える。

あ と が き

森 田 悌

　先に私は、群馬大学教育学部が収蔵する故尾崎喜左雄博士の調査収集考古遺物および調査資料について、学内の教育改善推進費の配分を受けるなどして、目録を刊行したが、本書はそれに補訂を行い、かつ二分冊になっていたのを合わせて一冊としたものである。尾崎博士の収集遺物が質量ともに卓越していることは関係者によりよく知られているが、欠陥は目録が作られておらず、活用することが困難となっている事態であった。本目録により尾崎博士の収集遺物と関連調査資料の全貌を公開できるようになったのは、誠に喜ばしいことと思う。

　私が群馬大学へ赴任したのは平成6年4月のことであり、尾崎博士の退官は私の赴任に先立つ24年前であり、死去されたのは16年前であるから、大学勤務を介して知ることは無かったが、東京大学で開かれた史学会大会後の古代史研究者の懇親会の席上で二度お会いしたことがある。当時私は金沢大学に勤務していたが、博士の住まう群馬県に比較的近い埼玉県内を居所としていたので挨拶を交したのだと思う。博士が穏やかな風貌で若輩の私にしっかり勉強しなさいと激励して下さったことを記憶している。博士と私の直接的な関係はこの邂逅以上のものでないが、群馬大学に赴任し群馬県を中心とする博士の考古学、また古代史研究を知るにつけ、その偉業の程に感銘を受けてきている。本目録の公刊は、後学が博士に対し敬意と謝意を表し得るものとして胸奥に感概を生じる次第である。

　本目録は尾崎博士の薫陶を受けた群馬大学教育学部の卒業生と教育学研究科大学院生の手に依っている。関係した各位に感謝するとともに、形影相伴う如くして博士の研究を補佐された石川正之助氏から多くの御教示を頂いたこと、および博士晩年の愛弟子で群馬県関係の古墳研究の第一人者である右島和夫氏が解説文を寄稿して下さったことに深甚の謝意を申し上げる。右島氏には面倒な校正もお願いした。

　本目録の刊行により尾崎博士の収集遺物および調査資料の全貌を容易に知ることが可能になったのを機に、多くの人の活用されることを願う次第である。

　最後になってしまったが、本書のような地味な出版に当って下さった㈱雄山閣と朝日印刷工業に深く感謝する次第である。

尾崎喜左雄博士調査収集
考古遺物・調査資料 目録

2004年9月20日　発行

編　者　　群馬大学教育学部

発行者　　宮田哲男

発行所　　株式会社　雄山閣

　　　　　〒102-0071
　　　　　東京都千代田区富士見2-6-9
　　　　　TEL　03（3262）3231
　　　　　FAX　03（3262）6938

印　刷　　朝日印刷工業株式会社

© Printed in Japan

ISBN4—639—01856—8　C0021